法官说法丛书

全国“八五”普法推荐读物

CASE

民营企业刑事法律风险典型案例解析

ANALYSIS

鲁桂华 / 主编

中国法制出版社
CHINA LEGAL PUBLISHING HOUSE

《法官说法丛书》（第二辑）

总编委会

本册编委会

作　者

杨子良　北京市第二中级人民法院刑二庭副庭长、三级高级法官、北京市法院审判业务专家

周　耀　北京市第二中级人民法院刑二庭四级高级法官

常　燕　北京市第二中级人民法院刑二庭四级高级法官

吴炎冰　北京市第二中级人民法院刑二庭四级高级法官

王芊雯　北京市第二中级人民法院刑二庭一级法官助理

王　璇　北京市第二中级人民法院刑二庭二级法官助理

高　畅　北京市第二中级人民法院刑二庭二级法官助理

严　鹏　北京市第二中级人民法院刑二庭三级法官助理

王钰楠　北京市第二中级人民法院刑二庭三级法官助理

何　朕　北京市第二中级人民法院刑二庭四级法官助理

编写说明

WRITE INSTRUCTIONS

《民营企业刑事法律风险典型案例解析》是《法官说法丛书》中的一本普法书籍。为帮助读者加深对本书的理解，特作以下几点说明。

一、本书对民营企业的界定

民营企业，简称民企，是在我国经济体制改革过程中产生的新事物。目前我国没有“民营企业”的法律概念，实践中民营企业有不同的含义和提法。根据《公司法》《合伙企业法》《个人独资企业法》，企业组织形式有多种：有限责任公司（含一人有限责任公司）、股份有限公司（又分为上市公司和非上市公司）、合伙企业、个人独资企业（不同于个体工商户）等，按照企业出资分成划分，主要有：国有独资企业、国有控股企业、国有参股（未控股）企业，以及其他无国有成分的企业等，不包括个人独资企业和个体工商户。狭义的民营企业，可以界定为不存在受委派从事公务的国家工作人员的企业，特指不含国有成分的企业，即没有国有资本出资的公司或企业，包括集体企业。广义的民营企业除狭义的民营企业外，还包括国有民营企业，也即企业中有国有资本，但由国有单位以外的经济主体经营的企业。

二、揭示民营企业运营中犯罪风险的意义

1985 年 4 月 13 日，原国家工商总局局长正式向大连市工商局发布命令，授权其向姜维创办的光彩实业有限公司颁发全国首个私营企业执照。这家企业是新中国改革开放以后最早成立的民营企业。自此以后，民营企业不断发展。截至 2017 年年底，我国民营企业数量超过 2700 万家，注册资本超过人民币 165 万亿元。以民营企业为主要市场主体的民营经济贡献了 50% 以上的税收，60% 以上的国内生产总值，70% 以上的技术创新成果，80% 以上的城镇劳动就业，90% 以上的企业数量。在世界 500 强企业中，我国民营企业由 2010 年的 1 家增加到 2018 年的 28 家。民营经济成为推动我国发展不可或缺的力量，成为创业就业的主要领域、技术创新的重要主体、国家税收的重要来源，为我国社会主义市场经济发展、政府职能转变、农村富余劳动力转移、国际市场开拓等发挥了重要作用。[①]

改革开放 40 年来，党和国家一直重视民营企业的发展。特别是近年来，党中央、国务院以及最高人民法院、最高人民检察院把对民营企业发展的重视提到了前所未有的高度。

2018 年 11 月 1 日，习近平总书记在民营企业座谈会上发表重要讲话，要求“大力支持民营企业发展壮大”“不断为民营经济营造更好发展环境，帮助民营经济解决发展中的困难，支持民营企业改革发展，变压力为动力，让民营经济创新源泉充分涌流，让民营经济创造活力充分迸发”。[②]2020 年 7 月 21 日，习近平总书记在企业家座谈会上发表重要讲话，提出要“依法平等保护国有、民营、外资等各种所有制企业产权和自主经营权，完善各类市场主体公平竞争的法治环境。要依法保护企业家合法权益，加强产权和知识产权保护，形成长期稳定发展预期，鼓励创新、宽容失败，营造激励企业家干事创业的浓厚氛围”[③]。

---

① 习近平:《在民营企业座谈会上的讲话》，载新华网，http://www.xinhuanet.com/politics/2018-11/01/c_1123649488.htm，2020 年 2 月 22 日访问。

② 习近平:《在民营企业座谈会上的讲话》，载新华网，http://www.xinhuanet.com/politics/2018-11/01/c_1123649488.htm，2020 年 2 月 22 日访问。

③ 习近平:《在企业家座谈会上的讲话》，载新华网，http://www.xinhuanet.com/politics/leaders/2020-07/21/c_1126267575.htm，2021 年 3 月 28 日访问。

2019年12月4日，中共中央、国务院印发《关于营造更好发展环境支持民营企业改革发展的意见》，就营造更好发展环境支持民营企业改革发展，特别提出要健全银行业金融机构服务民营企业体系，健全执法、司法对民营企业的平等保护机制，加大对民营企业的刑事保护力度，依法惩治侵犯民营企业投资者、管理者和从业人员合法权益的违法犯罪行为，促进民营企业规范健康发展等意见，充分体现了党中央和国务院对民营企业发展的支持和重视。

党的十八大以来，最高人民法院坚决贯彻落实党中央决策部署，先后出台《关于依法平等保护非公有制经济促进非公有制经济健康发展的意见》《关于充分发挥审判职能作用切实加强产权司法保护的意见》《关于充分发挥审判职能作用为企业家创新创业营造良好法治环境的通知》等文件，加大产权司法保护力度，妥善审理各类涉民营企业案件，依法甄别纠正张文中案等一批涉产权冤错案件，增强企业家人身、财产安全感和干事创业信心。

最高人民检察院发布了《检察机关依法保障和服务民营企业健康发展需要注意的几个问题》《检察机关涉民营企业司法保护典型案例选编（第一辑）》，规范司法办案行为，充分发挥指导性案例作用。

但是，有利益的地方就有犯罪。在民营企业发展的过程中，涉及民营企业的犯罪与民营企业的发展如影随形，为数不少，特别是民营企业家犯罪总规模在一定时期远大于国有企业家。[①] 这些犯罪案件，有的严重侵害民营企业利益，有的严重损害社会利益，甚至导致民营企业家身陷囹圄，企业衰败倒闭。以至富豪榜一度被看作“杀猪榜”。胡润研究院《中国富豪特别报告》提供的数据显示，1999年至2013年的15年里，共有2188位富豪登上胡润研究院的百富榜，其中有98.5%的上榜企业家在带领企业健康发展，但有34位成为问题富豪，有的因触犯法律身陷狱中，如周正毅、牟其中、顾雏军、王福生等。已经被判刑的27位企业家（包括已出狱和未出狱）共有罪名65条，平均每人2.5条。其中，贪污贿赂罪和侵犯财产罪是上榜富豪入狱的主

① 张远煌：《企业家犯罪的基本态势、主要成因与对策思考》，载《法制日报》2019年5月8日。

要原因，共有16位问题富豪因贪污受贿罪入狱，14位富豪因侵犯财产罪入狱，9位富豪因妨害对公司、企业的管理秩序罪入狱，9位富豪因破坏金融管理秩序罪入狱，6位富豪因扰乱市场秩序罪入狱。[①]

因此，为民营企业家及其他从业人员揭示民营企业运营中的刑事法律风险，对于这些人员树立刑事风险意识，加强刑事风险防控，保障个人事业发展及其人身、财产安全，促进民营企业和民营经济健康发展、做大做强，都具有重要的预防作用。

三、民营企业运营中犯罪风险涉及的罪名

按民营企业涉及犯罪是民营企业单位犯罪和民营企业人员个人利用职务犯罪的界定，刑法法律条文中规定有以下内容的犯罪都可以认定为民营企业可能涉及的罪名，一是明文规定行为主体为单位的，如《刑法》第185条之一规定的背信运用受托财产罪、违法运用资金罪，第393条规定的单位行贿罪等；二是没有规定行为主体为单位，但规定对直接责任人员定罪处罚的，这种情况实际也是单位犯罪，只不过是立法规定单罚制，只处罚个人，不处罚单位，如《刑法》第135条规定的重大劳动安全事故罪，第250条规定的出版歧视、侮辱少数民族作品罪等；三是规定行为主体为公司、企业或者其他单位的工作人员等特殊身份人员的（有的同时有利用职务便利字样），如《刑法》第134条规定的重大责任事故罪，强令、组织他人违章冒险作业罪，第163条规定的非国家工作人员受贿罪，第271条第1款规定的职务侵占罪，第272条第1款规定的挪用资金罪等；四是没有规定单位、直接责任人员、职务便利等字样，但从文义上分析，单位很可能实施的，如《刑法》第373条规定的雇用逃离部队军人罪，第389条规定的行贿罪（一些民营企业家个人财产与单位财产概念不清晰，往往拿个人财产为自己企业利益行贿）；等等。

---

① 顾梦琳：《胡润富豪"杀猪榜"：15年27位企业家被判刑》，载搜狐网，https://business.sohu.com/20140421/n398557162.shtml，2020年3月1日访问。《美媒：胡润中国富豪榜上榜人员17%遭到调查或逮捕》，载广西广合律师事务所网站，http://gh-lawyer.com/info.asp?id=3424，2020年3月1日访问。

近年来，实践中也出现单位包括民营企业实施传统犯罪中的自然犯像诈骗、盗窃、故意杀人的案件，这些案件事实上是单位犯罪，只是刑法没有规定为单位犯罪，实践中是否定罪处罚、如何定罪处罚存在过一些争议，但全国人大常委会2014年4月24日通过的《关于〈中华人民共和国刑法〉第三十条的解释》规定，公司、企业等单位实施刑法规定的危害社会的行为，刑法分则和其他法律未规定追究单位的刑事责任的，对组织、策划、实施该危害社会行为的人依法追究刑事责任。根据该立法解释，对上述案件中的有关行为可以定罪处罚。因此，上述案件涉及的自然犯罪也可以归入民营企业涉及的罪名。但是，考虑到这些案件发案率还不高，所以在相关研究中可以暂不列入民营企业涉及罪名的范围。另外，由于上述全国人大常委会的立法解释，理论上刑法分则前八章中还有一些罪名可以属于民营企业涉及的犯罪，第九章和第十章也有民营企业或民营企业人员以共犯身份参与的罪名，这些罪名的案件也不常见，故相关研究中也可以暂不列入民营企业涉及罪名的范围。

按照以上标准梳理，截至2021年3月31日，民营企业可能涉及我国现行刑法规定的罪名共有183个，占刑法罪名总数483个的37.89%，分布在除刑法分则第九章渎职罪和第十章军人违反职责罪外的其他八章中。其中第一章危害国家安全罪1个，第二章危害公共安全罪18个，第三章破坏社会主义市场经济秩序罪94个，第四章侵犯公民人身权利、民主权利罪6个，第五章侵犯财产罪5个，第六章妨害社会管理秩序罪50个，第七章危害国防利益罪5个，第八章贪污贿赂罪4个。

上述183个罪名中，有民营企业中个人利用职务便利实施的犯罪，有企业单位犯罪；有企业内部人员侵犯企业利益的犯罪，有企业侵犯其他主体利益的犯罪；有企业从设立、运营至注销各个环节的犯罪，包括设立变更注销环节的犯罪、行政管理环节的犯罪、经营环节的犯罪、融资环节的犯罪、财务管理环节的犯罪、纳税环节的犯罪、用工环节的犯罪、产权界定环节的犯罪、商业秘密和知识产权保护环节的犯罪等。在产业类别或经济领域上，除国家专营外，没有犯罪触角不能涉及的。从刑法分则章节看，除渎职罪、军人违反职责罪两章外，均涉及民营企业犯罪，包括危害国家安全罪，危害公共安全罪，破坏社会主义市场经济秩序罪，侵犯公民人身权利、民主权利罪，侵犯财产罪，妨害社会管理秩序罪，危害国防利益罪，贪污贿赂罪等八章罪名。

具体罪名如下：

第一章　危害国家安全罪

1. 资助危害国家安全犯罪活动罪（《刑法》第 107 条）；

第二章　危害公共安全罪

2. 帮助恐怖活动罪（《刑法》第 120 条之一）；

3. 非法制造、买卖、运输、储存危险物质罪（《刑法》第 125 条第 2 款）；

4. 违规制造、销售枪支罪（《刑法》第 126 条）；

5. 非法出租、出借枪支罪（《刑法》第 128 条第 2 款、第 3 款）；

6. 重大飞行事故罪（《刑法》第 131 条）；

7. 交通肇事罪（《刑法》第 133 条）；

8. 危险驾驶罪（《刑法》第 133 条之一）；

9. 妨害安全驾驶罪（《刑法》第 133 条之二）；

10. 重大责任事故罪（《刑法》第 134 条第 1 款）；

11. 强令、组织他人违章冒险作业罪（《刑法》第 134 条第 2 款）；

12. 危险作业罪（《刑法》第 134 条之一）；

13. 重大劳动安全事故罪（《刑法》第 135 条）；

14. 大型群众性活动重大安全事故罪（《刑法》第 135 条之一）；

15. 危险物品肇事罪（《刑法》第 136 条）；

16. 工程重大安全事故罪（《刑法》第 137 条）；

17. 教育设施重大安全事故罪（《刑法》第 138 条）；

18. 消防责任事故罪（《刑法》第 139 条）；

19. 不报、谎报安全事故罪（《刑法》第 139 条之一）；

第三章　破坏社会主义市场经济秩序罪

第一节　生产、销售伪劣商品罪

20. 生产、销售伪劣产品罪（《刑法》第 140 条）；

21. 生产、销售、提供假药罪（《刑法》第 141 条）;

22. 生产、销售、提供劣药罪（《刑法》第 142 条）;

23. 妨害药品管理罪（《刑法》第 142 条之一）;

24. 生产、销售不符合安全标准的食品罪（《刑法》第 143 条）;

25. 生产、销售有毒、有害食品罪（《刑法》第 144 条）;

26. 生产、销售不符合标准的医用器材罪（《刑法》第 145 条）;

27. 生产、销售不符合安全标准的产品罪（《刑法》第 146 条）;

28. 生产、销售伪劣农药、兽药、化肥、种子罪（《刑法》第 147 条）;

29. 生产、销售不符合卫生标准的化妆品罪（《刑法》第 148 条）;

第二节　走私罪

30. 走私武器、弹药罪（《刑法》第 151 条第 1 款）;

31. 走私核材料罪（《刑法》第 151 条第 1 款）;

32. 走私假币罪（《刑法》第 151 条第 1 款）;

33. 走私文物罪（《刑法》第 151 条第 2 款）;

34. 走私贵重金属罪（《刑法》第 151 条第 2 款）;

35. 走私珍贵动物、珍贵动物制品罪（《刑法》第 151 条第 2 款）;

36. 走私国家禁止进出口的货物、物品罪（《刑法》第 151 条第 3 款）;

37. 走私淫秽物品罪（《刑法》第 152 条第 1 款）;

38. 走私废物罪（《刑法》第 152 条第 2 款）;

39. 走私普通货物、物品罪（《刑法》第 153 条）;

第三节　妨害对公司、企业的管理秩序罪

40. 虚报注册资本罪（《刑法》第 158 条）;

41. 虚假出资、抽逃出资罪（《刑法》第 159 条）;

42. 欺诈发行证券罪（《刑法》第 160 条）;

43. 违规披露、不披露重要信息罪（《刑法》第 161 条）;

44. 妨害清算罪（《刑法》第 162 条）;

45. 隐匿、故意销毁会计凭证、会计账簿、财务会计报告罪（《刑法》第 162 条之一）;

46. 虚假破产罪（《刑法》第 162 条之二）；

47. 非国家工作人员受贿罪（《刑法》第 163 条）；

48. 对非国家工作人员行贿罪（《刑法》第 164 条第 1 款）；

49. 对外国公职人员、国际公共组织官员行贿罪（《刑法》第 164 条第 2 款）；

50. 背信损害上市公司利益罪（《刑法》第 169 条之一）；

第四节　破坏金融管理秩序罪

51. 金融工作人员购买假币、以假币换取货币罪（《刑法》第 171 条第 2 款）；

52. 擅自设立金融机构罪（《刑法》第 174 条第 1 款）；

53. 伪造、变造、转让金融机构经营许可证、批准文件罪（《刑法》第 174 条第 2 款）；

54. 高利转贷罪（《刑法》第 175 条）；

55. 骗取贷款、票据承兑、金融票证罪（《刑法》第 175 条之一）；

56. 非法吸收公众存款罪（《刑法》第 176 条）；

57. 伪造、变造金融票证罪（《刑法》第 177 条）；

58. 窃取、收买、非法提供信用卡信息罪（《刑法》第 177 条之一第 2 款）；

59. 伪造、变造国家有价证券罪（《刑法》第 178 条第 1 款）；

60. 伪造、变造股票、公司、企业债券罪（《刑法》第 178 条第 2 款）；

61. 擅自发行股票、公司、企业债券罪（《刑法》第 179 条）；

62. 内幕交易、泄露内幕信息罪（《刑法》第 180 条第 1 款）；

63. 利用未公开信息交易罪（《刑法》第 180 条第 4 款）；

64. 诱骗投资者买卖证券、期货合约罪（《刑法》第 181 条第 2 款）；

65. 操纵证券、期货市场罪（《刑法》第 182 条）；

66. 背信运用受托财产罪（《刑法》第 185 条之一第 1 款）；

67. 违法运用资金罪（《刑法》第 185 条之一第 2 款）；

68. 违法发放贷款罪（《刑法》第 186 条）；

69. 吸收客户资金不入账罪（《刑法》第 187 条）；

70. 违规出具金融票证罪（《刑法》第 188 条）；

71. 对违法票据承兑、付款、保证罪（《刑法》第 189 条）；

72. 骗购外汇罪（《全国人大常委会关于惩治骗购外汇、逃汇和非法买卖外汇犯罪的决定》第 1 条）；

73. 逃汇罪（《刑法》第 190 条）；

74. 洗钱罪（《刑法》第 191 条）；

第五节　金融诈骗罪

75. 集资诈骗罪（《刑法》第 192 条）；

76. 票据诈骗罪（《刑法》第 194 条第 1 款）；

77. 金融凭证诈骗罪（《刑法》第 194 条第 2 款）；

78. 信用证诈骗罪（《刑法》第 195 条）；

79. 保险诈骗罪（《刑法》第 198 条）；

第六节　危害税收征管罪

80. 逃税罪（《刑法》第 201 条）；

81. 逃避追缴欠税罪（《刑法》第 203 条）；

82. 骗取出口退税罪（《刑法》第 204 条）；

83. 虚开增值税专用发票、用于骗取出口退税、抵扣税款发票罪（《刑法》第 205 条）；

84. 虚开发票罪（《刑法》第 205 条之一）；

85. 伪造、出售伪造的增值税专用发票罪（《刑法》第 206 条）；

86. 非法出售增值税专用发票罪（《刑法》第 207 条）；

87. 非法购买增值税专用发票、购买伪造的增值税专用发票罪（《刑法》第 208 条第 1 款）；

88. 非法制造、出售非法制造的用于骗取出口退税、抵扣税款发票罪（《刑法》第 209 条第 1 款）；

89. 非法制造、出售非法制造的发票罪（《刑法》第 209 条第 2 款）；

90. 非法出售用于骗取出口退税、抵扣税款发票罪（《刑法》第 209 条第 3 款）；

91. 非法出售发票罪（《刑法》第 209 条第 4 款）；

92. 持有伪造的发票罪（《刑法》第 210 条之一）；

第七节　侵犯知识产权罪

93. 假冒注册商标罪（《刑法》第 213 条）；

94. 销售假冒注册商标的商品罪（《刑法》第 214 条）；

95. 非法制造、销售非法制造的注册商标标识罪（《刑法》第 215 条）；

96. 假冒专利罪（《刑法》第 216 条）；

97. 侵犯著作权罪（《刑法》第 217 条）；

98. 销售侵权复制品罪（《刑法》第 218 条）；

99. 侵犯商业秘密罪（《刑法》第 219 条）；

100. 为境外窃取、刺探、收买、非法提供商业秘密罪（《刑法》第 219 条之一）；

第八节　扰乱市场秩序罪

101. 损害商业信誉、商品声誉罪（《刑法》第 221 条）；

102. 虚假广告罪（《刑法》第 222 条）；

103. 串通投标罪（《刑法》第 223 条）；

104. 合同诈骗罪（《刑法》第 224 条）；

105. 组织、领导传销活动罪（《刑法》第 224 条之一）；

106. 非法经营罪（《刑法》第 225 条）；

107. 强迫交易罪（《刑法》第 226 条）；

108. 伪造、倒卖伪造的有价票证罪（《刑法》第 227 条第 1 款）；

109. 倒卖车票、船票罪（《刑法》第 227 条第 2 款）；

110. 非法转让、倒卖土地使用权罪（《刑法》第 228 条）；

111. 提供虚假证明文件罪（《刑法》第 229 条第 1 款、第 2 款）；

112. 出具证明文件重大失实罪（《刑法》第 229 条第 3 款）；

113. 逃避商检罪（《刑法》第 230 条）；

第四章　侵犯公民人身权利、民主权利罪

114. 强迫劳动罪（《刑法》第 244 条）；

115. 雇用童工从事危重劳动罪（《刑法》第 244 条之一）；

116. 出版歧视、侮辱少数民族作品罪（《刑法》第 250 条）；

117. 侵犯公民个人信息罪（《刑法》第 253 条之一）；

118. 打击报复会计、统计人员罪（《刑法》第 255 条）；

119. 虐待被监护、看护人罪（《刑法》第 260 条之一）；

第五章　侵犯财产罪

120. 诈骗罪（《刑法》第 266 条）；

121. 职务侵占罪（《刑法》第 271 条第 1 款）；

122. 挪用资金罪（《刑法》第 272 条第 1 款）；

123. 挪用特定款物罪（《刑法》第 273 条）；

124. 拒不支付劳动报酬罪（《刑法》第 276 条之一）；

第六章　妨害社会管理秩序罪

第一节　扰乱公共秩序罪

125. 非法生产、买卖警用装备罪（《刑法》第 281 条）；

126. 非法生产、销售专用间谍器材、窃听、窃照专用器材罪（《刑法》第 283 条）；

127. 非法侵入计算机信息系统罪（《刑法》第 285 条第 1 款）；

128. 非法获取计算机信息系统数据、非法控制计算机信息系统罪（《刑法》第 285 条第 2 款）；

129. 提供侵入、非法控制计算机信息系统程序、工具罪（《刑法》第 285 条第 3 款）；

130. 破坏计算机信息系统罪（《刑法》第 286 条）；

131. 拒不履行信息网络安全管理义务罪（《刑法》第 286 条之一）；

132. 非法利用信息网络罪（《刑法》第 287 条之一）；

133. 帮助信息网络犯罪活动罪（《刑法》第 287 条之二）；

134. 扰乱无线电通讯管理秩序罪（《刑法》第 288 条）；

第二节　妨害司法罪

135. 虚假诉讼罪（《刑法》第 307 条之一）；

136. 披露、报道不应公开的案件信息罪（《刑法》第 308 条之一第 3 款）；

137. 掩饰、隐瞒犯罪所得、犯罪所得收益罪（《刑法》第 312 条）；

138. 拒不执行判决、裁定罪（《刑法》第 313 条）；

第三节　妨害国（边）境管理罪

139. 骗取出境证件罪（《刑法》第 319 条）；

第四节　妨害文物管理罪

140. 非法向外国人出售、赠送珍贵文物罪（《刑法》第 325 条）；

141. 倒卖文物罪（《刑法》第 326 条）；

第五节　危害公共卫生罪

142. 妨害传染病防治罪（《刑法》第 330 条）；

143. 妨害国境卫生检疫罪（《刑法》第 332 条）；

144. 采集、供应血液、制作、供应血液制品事故罪（《刑法》第 334 条第 2 款）；

145. 妨害动植物防疫、检疫罪（《刑法》第 337 条第 1 款）；

第六节　破坏环境资源保护罪

146. 污染环境罪（《刑法》第 338 条）；

147. 非法处置进口的固体废物罪（《刑法》第 339 条第 1 款）；

148. 擅自进口固体废物罪（《刑法》第 339 条第 2 款）；

149. 非法捕捞水产品罪（《刑法》第 340 条）；

150. 危害珍贵、濒危野生动物罪（《刑法》第 341 条第 1 款）；

151. 非法狩猎罪（《刑法》第 341 条第 2 款）；

152. 非法猎捕、收购、运输、出售陆生野生动物罪（《刑法》第 341 条第 3 款）；

153. 非法占用农用地罪（《刑法》第 342 条）；

154. 破坏自然保护地罪（《刑法》第 342 条之一）；

155. 非法采矿罪（《刑法》第 343 条第 1 款）；

156. 破坏性采矿罪（《刑法》第 343 条第 2 款）；

157. 危害国家重点保护植物罪（《刑法》第 344 条）；

158. 非法引进、释放、丢弃外来入侵物种罪（《刑法》第 344 条之一）；

159. 盗伐林木罪（《刑法》第 345 条第 1 款）；

160. 滥伐林木罪（《刑法》第 345 条第 2 款）；

161. 非法收购、运输盗伐、滥伐的林木罪（《刑法》第 345 条第 3 款）；

第七节　走私、贩卖、运输、制造毒品罪

162. 走私、贩卖、运输、制造毒品罪（《刑法》第 347 条）；

163. 非法生产、买卖、运输制毒物品、走私制毒物品罪（《刑法》第 350 条）；

164. 非法提供麻醉药品、精神药品罪（《刑法》第 355 条）；

第八节　组织、强迫、引诱、容留、介绍卖淫罪

165. 组织卖淫罪（《刑法》第 358 条第 1 款）；

166. 强迫卖淫罪（《刑法》第 358 条第 1 款）；

167. 协助组织卖淫罪（《刑法》第 358 条第 4 款）；

168. 引诱、容留、介绍卖淫罪（《刑法》第 359 条第 1 款）；

169. 引诱幼女卖淫罪（《刑法》第 359 条第 2 款）；

第九节　制作、贩卖、传播淫秽物品罪

170. 制作、复制、出版、贩卖、传播淫秽物品牟利罪（《刑法》第 363 条第 1 款）；

171. 为他人提供书号出版淫秽书刊罪（《刑法》第 363 条第 2 款）；

172. 传播淫秽物品罪（《刑法》第 364 条第 1 款）；

173. 组织播放淫秽音像制品罪（《刑法》第 364 条第 2 款）；

174. 组织淫秽表演罪（《刑法》第 365 条）；

第七章　危害国防利益罪

175. 故意提供不合格武器装备、军事设施罪（《刑法》第 370 条第 1 款）；

176. 雇用逃离部队军人罪（《刑法》第 373 条）；

177. 非法生产、买卖武装部队制式服装罪（《刑法》第 375 条第 2 款）；

178. 伪造、盗窃、买卖、非法提供、非法使用武装部队专用标志罪（《刑法》第 375 条第 3 款）；

179. 战时拒绝、故意延误军事订货罪（《刑法》第 380 条）；

第八章　贪污贿赂罪

180. 行贿罪（《刑法》第 389 条）；

181. 对有影响力的人行贿罪（《刑法》第 390 条之一）；

182. 对单位行贿罪（《刑法》第 391 条）；

183. 单位行贿罪（《刑法》第 393 条）。

四、本书主要内容及编写体例

本书选择常见多发的 23 个罪名进行介绍。包括：1. 危险物品肇事罪；2. 生产、销售伪劣产品罪；3. 生产、销售、提供假药罪；4. 非国家工作人员受贿罪；5. 骗取贷款罪；6. 非法吸收公众存款罪；7. 内幕交易、泄露内幕信息罪；8. 违法运用资金罪；9. 集资诈骗罪；10. 保险诈骗罪；11. 逃税罪；12. 虚开增值税专用发票罪；13. 侵犯商业秘密罪；14. 虚假广告罪；15. 合同诈骗罪；16. 非法经营罪；17. 诈骗罪，18. 职务侵占罪；19. 挪用资金罪；20. 拒不支付劳动报酬罪；21. 污染环境罪；22. 行贿罪；23. 单位行贿罪。每个罪名以一个案例展开，每个案例依次按案情回顾、法理分析、知识拓展、普法提示四部分逐一展开阐述。

鉴于本书总体上是普法性质的书籍，故在语言风格上尽量做到通俗易懂。同时，本书也讲究专业性，不仅作者均选择专业知识扎实和司法实践经验丰富的一线审判人员，而且用语注意准确规范，知识内容讲究准确严谨。因此，本书不仅适用于民营企业人员阅读，也适用于从事民营企业法律服务等专业人员阅读。需要提请读者注意的是，本书中部分案例发生时间较早，对这部分案例的分析主要依据审判时适用的法律、司法解释规定，同时，为了帮助读者了解、掌握法律、司法解释的新变化，本书在分析案例所涉罪名时依据现行法律、司法解释作出了新解读。

由于编写时间仓促，书稿质量还有不尽如人意之处，敬请读者不吝批评指正！

《民营企业刑事法律风险典型案例解析》编委会

2021 年 5 月

目录

CONTENTS

第一章　危害公共安全罪

第二章　破坏社会主义市场经济秩序罪

第五章　贪污贿赂罪

第一章

危害公共安全罪

案例

企业领导监督管理过失刑事责任的认定

王璇[①]

案情回顾

（一）“3·29”特大液氯泄漏案

2005年3月29日18时40分许，在京沪高速江苏淮安段上行线100公里处发生了一起交通事故，一辆车牌号为鲁H×××的罐式半挂车（以下简称罐车）左前轮胎突然爆裂，车辆方向失控后撞坏高速路中间护栏，进入对向车道。对向开来的鲁Q×××解放牌半挂车（以下简称解放车）来不及避让，二车发生碰撞，导致罐车侧翻，罐体阀门脱落，解放车冲下公路护坡。然而，这并不是一辆普通的罐车，罐体内装有40.44吨剧毒化学品液氯，液氯泄漏挥发导致解放车司机马某银及附近村民28人氯气中毒死亡，另有400余人中毒住院治疗，1800余人门诊留观，1万余名村民被迫紧急疏散转移，15000头（只）畜禽死亡，20620亩农作物受灾，直接经济损失1700余万元。罐车司机康某和押运员王某当天22时许逃往南京，次日自首。

“3·29”特大事故的人员财产损失如此重大，有关部门在展开救治的同时立刻着手调查事故原因，这到底是车祸还是人祸呢？

经查，罐车为山东济宁致远石化有限公司（以下简称致远石化公司）所有，由于致远石化公司没有运输危险化学品的资质，该公司总经理李某遂将车辆挂靠在济宁迪迪化学危险货物运输中心（以下简称迪迪运输中心）名下，并签订了车辆委托管理合同，但车辆所有权及使用权仍归李某，司机及押送员也归李某管理。迪迪运输中心负责车辆的安全检查和日常管理，并对驾驶员和押运员进行安全教育培训。证据显示，罐车经常超载运输，李某对此并

① 北京市第二中级人民法院刑二庭法官助理。

没有制止。郑某永、钱某太作为迪迪运输中心分管安全工作的副总经理与安全科科长，只重视收取各委托单位的管理费，没有按照规定进行车辆维护和人员培训。

经公安机关鉴定：罐车长期超载行驶造成轮胎气压高于标准压力，轮胎刚性增大，形成众多裂纹，发生爆胎存在必然性。罐车核载15吨，最大载重30吨，当天实际运输液氯40.44吨，超载169.6%，事故当天严重超载是事故发生的直接原因。

经审查，检察机关指控康某、王某、李某、郑某永、钱某太犯危险物品肇事罪，向人民法院提起公诉。

（二）审理过程

案件审理过程中，司机康某和押运员王某超载运输危险化学物品，造成事故，承担刑事责任并无异议。但致远石化公司总经理李某、迪迪运输中心管理层郑某永和钱某太未直接参与液氯的装载、运输，对检察机关指控其构成犯罪表示异议。

被告人李某认为，事故的发生超出其作为领导的控制范围，其也不希望事故发生，罐车是康某和王某驾驶的，其不应承担刑事责任。

被告人郑某永、钱某太认为，迪迪运输中心挂靠了500多辆别家单位的危险品运输车，车辆的所有权和使用权都不在运输中心，500多辆车由其逐个管理不现实，其已经按照要求履行了相关的挂靠管理责任，事故是司机和押运员直接造成的，其作为挂靠单位管理人员不应承担刑事责任。

检察机关反驳认为，李某作为致远石化公司总经理应对员工的业务行为承担监督职责，证据显示康某和王某在2004年3月至2005年3月期间几乎每次运输均超载，李某对此持放纵态度，有时甚至指使超载运输。李某名下罐车曾于2004年5月因超载导致液氯泄漏，李某大额赔偿后并没有吸取教训。因此，李某没有履行危险品车辆管理监督职责，对事故承担过失责任。郑某永、钱某太作为运输中心的安全负责人，没有根据法律规定和委托合同对挂靠车辆进行二级维修，也没有对司机、押运员进行教育和安全培训，怠于履行管理职责，导致罐车在多个轮胎达到报废标准的情况下上路行驶。

法院经审理认为，被告人李某不遵守《危险化学品安全管理条例》和合同约定，没有履行对车辆检测维护和对驾驶员安全培训的职责，为谋取高额利益长期纵容或指使员工超载运输。被告人郑某永、钱某太没有严格履行危险化学品管理制度，未按照合同约定进行车辆维护、人员培训，严重不负责任，导致特大伤亡事故，三人均构成危险物品肇事罪，判处李某有期徒刑六年，钱某太有期徒刑三年六个月，郑某永有期徒刑三年。

法理分析

本案的争议焦点是，企业管理层李某、郑某永、钱某太对液氯泄漏事故的发生是否有过失。根据我国《刑法》第136条规定，危险物品肇事罪是指，违反爆炸性、易燃性、放射性、毒害性、腐蚀性物品的管理规定，在生产、储存、运输、使用中发生重大事故，造成严重后果。肇事者对重大事故的发生是过失心态，如果是故意造成事故，则可能涉嫌以危险方法危害公共安全罪或故意杀人罪。《刑法》第15条规定："应当预见自己的行为可能发生危害社会的结果，因为疏忽大意而没有预见，或者已经预见而轻信能够避免，以致发生这种结果的，是过失犯罪。"李某、郑某永、钱某太均认为他们无法预见事故发生，也无法避免事故发生，因而不应承担刑事责任，但检察院和法院均认为上述三人对事故有过失。

（一）监督管理过失的含义及认定

监督管理过失刑事责任是指，没有直接参与犯罪的人员，因为没有严格履行对下属的监督或对企业的管理责任，具有犯罪过失，应当承担的刑事责任。

监督管理过失分为监督过失和管理过失，前者指对下属人员指挥监督不当的过失，所谓"御下无方"，后者指落实管理制度不力的过失，所谓"法令不畅"。本案中，李某作为罐车的所有人及康某、王某的老板，对康某、王某没有尽到指挥监督责任，存在监督过失。郑某永、钱某太作为迪迪运输中心负责安全工作的领导，没能贯彻落实车辆定期进行二级维修、集中教育培训等管理制度，存在管理过失。

民营企业人员监督管理过失的，则构成一般的过失犯罪，而公职人员监督管理过失的，构成渎职犯罪。根据我国《刑法》规定，国家机关工作人员和国有公司、企业、事业单位人员严重不负责任，有监督管理过失，导致重大人员财产损失的，构成玩忽职守罪和国有企业、事业单位人员失职罪等渎职犯罪。不具有公职人员身份的人有监督管理过失的，涉嫌的罪名一般取决于直接犯罪人员所犯罪名，如本案中罐车司机和押运员构成危险物品肇事罪，则企业领导也涉嫌该罪名。

（二）监督管理过失的发展沿革

监督管理过失理论起源于20世纪60年代的日本，在1955年的日本森永奶粉案件中得到司法机关的确认，具体案情[①]如下：日本森永奶粉公司德岛工厂专门生产婴儿奶粉，为提高奶粉的溶解度，工厂自1943年起在奶粉中加入一定量的第二磷酸苏打药品，药品供货商一直是以药品品质著称的协和药品公司，奶粉从未发生质量问题。1955年3月至4月，协和药品公司生产出厂的一些第二磷酸苏打药品含有毒物质砒素，森永公司没有检测该批第二磷酸苏打药品，直接加入奶粉中。有毒奶粉造成日本133名婴儿死亡，1.2万名婴儿中毒。

日本检察官向法院起诉，其中一起是指控森永奶粉公司德岛工厂厂长犯业务过失致人死亡罪。一审法院经过长达八年的“马拉松”式审理，判决厂长无罪，理由是不能认定厂长在森永公司订购药品和未检测药物上有过失。检察官不服一审判决，提出上诉。二审法院认为，森永公司整个企业都存在过失，将案件发回重审。最终，法院生效判决认定，森永奶粉工厂在将药物添加进奶粉时，应怀有“不安感”，应预见到危险，对奶粉食品安全有注意义务，违反该注意义务造成严重后果就应当承担过失犯罪责任。

① 参见易益典：《论监督过失理论的刑法适用》，载《华东政法大学学报》2010年第1期。

森永奶粉案件判决后，监督管理过失责任引起各方广泛关注，经学者研究完善，监督管理过失责任被广泛应用于司法审判。后来发生的日本的水俣病、毒油症事件中，企业管理者都因监督管理过失被追究了刑事责任。[①]

（三）处罚根据——与事故发生的间接因果关系

监督管理过失案件中存在双重因果关系——直接因果关系和间接因果关系，被管理者的行为与事故发生有直接因果关系，监督管理者通过被管理者而与事故发生有间接因果关系。在液氯泄漏案件中，罐车驾驶员康某、押运员王某长期超载运输、事故当天严重超载运输是导致液氯泄漏事故发生的直接原因，康某、王某的违规驾驶行为与事故发生有直接因果关系。致远石化公司负责人李某虽然没有直接接触过罐车和液氯，但疏于对康某、王某的监督管理，没有对车辆安全性能进行有效管理，与事故发生有间接因果关系。

企业领导与事故发生是否有间接因果关系，可以用"如果……事故就不会发生"来判断。在液氯泄漏案件中，如果郑某永、钱某太能够对所有车辆定期进行二级维修，对所有司机和押运员教育培训，轮胎已达到报废标准的罐车就不会上路，事故就不会发生，因此郑某永、钱某太的不作为对事故发生就有因果关系。相反，在日本大洋百货失火案中，法院认为："即便被告人（贩卖科长）平常就对 3 号楼的营业人员进行防止火灾燃烧的训练，但也很难说，在本案中的火灾蔓延到 3 层商铺之前，能够有效地采取关上 C 号楼梯防火门的防火措施"，[②] 因此被告人的不作为与火灾没有间接因果关系，不负刑事责任。

---

① 参见骆群：《监督过失责任及其在食品监管渎职罪中的运用》，载《法治与社会发展》2014 年第 2 期。

② ［日］大塚裕史：《企业家灾害和过失论》，载高铭暄、赵秉志主编：《过失犯罪的基础理论》，法律出版社 2002 年版，第 97 页。

知识拓展

（一）监督管理过失责任在我国的司法应用

监督管理过失责任是工业化进程发展到一定程度的必然结果。随着市场经济的发达和工业体系的完善，核能、化工、爆炸品等危险行业增多，食品、药品巨头企业不断形成，影响地域范围和人群数量日益增大，城市中人群密集使得消防、卫生比以往更重要，所有这些都对公共安全形成重大潜在威胁。维护公共安全，必然要求企业监督管理人员承担更多注意义务，违反注意义务造成损失，则要承担责任。20世纪60年代正值日本工业经济腾飞，食品药品事故、环境污染、火灾频发，为维护公共安全，监督管理过失理论应运而生。

随着我国改革开放深入和工业发展，曾出现在日本的事故多发问题在我国逐渐显现。20世纪80年代至21世纪初，我国多地发生重大矿难事故，其他重大公共安全事故如有毒三鹿奶粉事件、天津港化学品大爆炸、“12·8”克拉玛依友谊馆重大火灾、中国疾控中心实验室泄漏SARS病毒导致全国疫情暴发等不胜枚举。在这些案件的事后追责中，企业负责人、主管人员和直接责任人都被追究了刑事责任，因此我国司法审判比较注重追究监督过失责任。

（二）监督管理过失可能涉及哪些人?

负有监督管理职责的人应当切实履行职责，否则可能面临法律的严惩。监督管理职责主要产生于以下几个途径：

第一，法律法规、部门规章的规定。如我国法律和国务院部门规章规定，煤矿企业的投资人、实际控制人是煤矿安全生产的主要责任人，因此，投资人资本控股后即使从没去过煤矿，发生事故后仍应承担责任。

第二，司法解释规定。《最高人民法院关于审理交通肇事刑事案件具体应用法律若干问题的解释》第7条规定，单位主管人员、机动车辆所有人或者机动车辆承包人指使、强令他人违章驾驶造成重大交通事故，具有该司法解释第二条规定情形之一的，以交通肇事罪处罚。

第三，合同规定。如液氯泄漏案中，迪迪运输中心依照车辆挂靠合同规定，应当对车辆履行定期维护职责。受聘于大型商场的物业公司，依据物业委托合同对商场的消防设施维护具有监督管理职责。

第四，公司章程规定。液氯泄漏案中，根据公司法和公司章程的规定，致远石化公司的总经理李某，对公司车辆和员工有管理职责，迪迪运输中心的安全科科长和分管安全工作的副经理对挂靠车辆安全行驶有监督管理职责。

以上是产生监督管理责任的几种主要途径，是否有监督管理责任，也可能有其他复杂情况，需要具体问题具体分析。

（三）监督管理过失可能涉及哪些罪名？

监督管理过失，是在业务上有监督管理职责之人的过失犯罪，因此大部分是业务犯罪，但这里所指的业务范围比较广，企业从事的盈利经营一般属于业务活动。监督管理过失是过失犯罪，不涉及故意犯罪罪名。比较常见的监督管理过失罪名集中于我国《刑法》第二章“危害公共安全罪”第 131 条至第 139 条，主要是重大飞行事故罪、铁路运营安全事故罪、交通肇事罪、重大责任事故罪、重大劳动安全事故罪、危险物品肇事罪、工程重大安全事故罪、教育设施重大安全事故罪、消防责任事故罪，以及《刑法》第 115 条规定的过失以危险方法危害公共安全罪等。

普法提示

监督管理过失责任是一项重要的刑事责任制度，作为民营企业从业人员，尤其是企业负责人和管理层要予以重点关注，并以此规范企业的日常生产经营，指导工作，避免遭到法律的苛责。

（一）不断增强责任意识

随着风险社会的到来，各行各业均可能发生业务过失事故，产生监督过失责任。首先，危险系数高的行业增多，核电开发、潜艇船舶制造、航天航空、能源化工、高铁制造等高科技企业越来越多，其上游企业数以百万计，企业间都组成了紧密的关系网，其中一环出错就可能造成无可挽回的损失。如2011年甬温高铁追尾事故造成40人死亡，191人受伤，事故原因是一些研发机构提供的列车信号系统故障。其次，从事高危行业的企业越来越多。我国1990年建设的大亚湾核电站在2010年发生泄漏事故，多亏检修工人及时发现燃料部裂缝，泄漏硼并不太多，造成后果并不是很严重。当时我国只有两座核电站，而目前我国已有22座核电站，每个核电站都必须确保万无一失。最后，一些传统企业也面临消防安全、生产安全责任，法律法规在这些方面的要求越来越严格细致。2019年我国发生火灾23.3万起，生产责任事故34.8万起，传统企业的安全应常抓不懈。

因此，企业要切实提高责任意识，企业管理人员要担当好监督管理职责，时刻绷紧安全经营的弦，增强忧患意识，防微杜渐，防患于未然，因为一旦发生事故，不仅要因过失承担民事赔偿责任，还有可能面临刑罚制裁。

（二）认真学习业务知识

对于不同的行业，我国法律法规和部门规章规定了不同的业务要求，地方政府、行业协会制定了不同的行业规范和安全标准，企业应梳理所有规范，及时更新跟进最新要求，在此基础上开展经营活动。此外，企业经营过程中签署了很多业务合同，相关人员应掌握业务合同规定的权利义务清单，依法履行合同条款。

（三）深入加强企业各项制度建设

正所谓“制度如渠，行为如水，渠道怎么设，水就怎么流”，完善健全的制度是企业行稳致远的保证，也是对企业员工的保护。制度之于企业，似法律之于国家，纪律之于政党，再怎么强调也不为过。企业草创之初，兵少将寡，“人治”尚可行，规模化后，制度不可或缺。没有必要的规章制度，或者规章制度与法律法规、行业标准抵触都是企业决策机构和领导的重大过失。制定完善的企业制度后，如不能严格监督企业员工履行，因而发生事故，领导可能要承担法律责任。只有对违反制度的人严格追究责任，才能保证制度的权威性，保证制度运行顺畅。

（四）切实做好企业人员管理

鉴于员工工作行为产生的后果，一般需要企业承担相应责任，企业应切实加强对自身员工的有效管理。对有特殊资质要求的岗位，要聘请有相应证书、资格和经验的人员上岗，对相关人员要定期开展教育培训，规范员工业务行为。企业还需要完善逐级工作负责制，明确每位员工的工作内容、责任范围和级别关系，通过科层制管理划定员工责任，形成良好的员工管理体系。

第二章

破坏社会主义市场经济秩序罪

案例一

生产、销售伪劣产品的罪与罚

杨子良[①]

案情回顾

（一）基本案情

1. 被告单位江苏来生油脂香有限公司（以下简称来生香公司）于2008年6月3日成立，经营范围：食用油、油脂及其制品制造、销售，工业用动植油脂销售，饲料生产、销售，米糠、菜籽收购销售等。2015年12月14日，江苏省食品药品监督管理局许可来生香公司生产食用植物油，品种名称包括菜籽油、棉籽油、米糠油、大豆油、玉米油、花生油、食用调和油，有效期至2016年7月8日。2016年8月至2017年3月间，被告人张某山作为来生香公司的实际经营者，对该公司厂房、设备进行改造，向他人收购餐厨废弃油等油加工提炼混合油，将混合油作为饲料原料销售给饲料原料生产者和经营者，重量6600余吨，金额合计人民币3558.1838万元，非法获利60万余元。其间，被告人洪某国负责生产管理、原料检测，被告人李某才负责生产、技术指导，被告人周某菊负责资金结算、过磅称重。

被告单位德州市海玲饲料有限公司、滕州伟业饲料科技有限公司、阜阳市千万油脂有限公司及被告人张某明、周某华等人在明知被告单位来生香公司向其销售的是餐厨废弃油等油加工提炼而成的混合油的情况下，仍予购买并转售给他人。

2. 2017年1月至2017年3月间，被告人张某山作为被告单位兴化市希望粮油有限公司的实际经营者与被告人杨某、赵某多合作生产菜籽油，被告

① 北京市第二中级人民法院刑二庭副庭长、员额法官。

人张某山授意被告人杨某、赵某多在菜籽油中掺入大豆油生产菜籽油，被告人洪某国负责产品检测、传授勾兑方法。已销售给经营食用油生意的江苏中昊辰农业技术有限公司、魏某阳、高某花等 8 人合计人民币 25.8876 万元。已生产尚未销售的菜籽油价值人民币 24.8218 万元。经泰州市食品药品检验所鉴定，上述菜籽油系不合格产品。

（二）审理过程

2018 年 11 月，江苏省泰州市高港区人民检察院指控被告单位江苏来生油脂香有限公司等公司、被告人张某山等涉嫌犯生产、销售伪劣产品罪，向泰州市高港区人民法院提起公诉。泰州市高港区人民法院于 2019 年 4 月 18 日作出（2018）苏 1203 刑初 76 号刑事判决，对各被告单位及被告人分别以非法经营罪、生产、销售伪劣产品罪定罪处罚，并作出禁止从事特定行业的禁止令。

宣判后，江苏来生油脂香有限公司、兴化市希望粮油有限公司、滕州伟业饲料科技有限公司、张某山等不服，提出上诉。泰州市中级人民法院经审理认为，原审判决认定相关上诉单位和上诉人实施非法经营犯罪“情节特别严重”不当，应认定为“情节严重”，故于 2019 年 12 月 17 日依法予以改判。对上诉单位江苏来生油脂香有限公司、德州市海玲饲料有限公司、滕州伟业饲料科技有限公司、阜阳市千万油脂有限公司以非法经营罪，分别判处罚金人民币 60 万元、45 万元、9 万元、2 万元。对上诉人张某山等人改判有期徒刑六个月至五年，罚金 15000 元至 45 万元的刑罚。在改判的同时，维持了一审判决以生产、销售伪劣产品罪判处被告单位兴化市希望粮油有限公司罚金人民币 26 万元等判决结果。

本案中，同样是生产销售产品不合格，为何有的定非法经营罪，有的定生产、销售伪劣产品罪？定非法经营罪的，为何不能认定为情节特别严重？

法理分析

（一）同样是生产销售产品不合格，为何有的定非法经营罪，有的定生产、销售伪劣产品罪？

日常生活中，掺入大豆油生产的菜籽油是不合格的菜籽油，将餐厨废油提炼加工的混合油饲料原料也可以说是不合格的饲料原料。但是，为什么本案中，江苏来生油脂香有限公司、滕州伟业饲料科技有限公司等将餐厨废油提炼加工的混合油作为饲料原料销售的行为，以非法经营罪被定罪处罚，而兴化市希望粮油有限公司、张某山等卖掺入大豆油生产菜籽油的行为以生产、销售伪劣产品罪被定罪处罚呢？这就得结合相关规定，从法律专业角度来分析。

首先，根据《刑法》第140条的规定，生产、销售伪劣产品罪是生产者、销售者在产品中掺杂、掺假，以假充真，以次充好或者以不合格产品冒充合格产品，销售金额5万元以上的行为。本案中，张某山作为兴化市希望粮油有限公司实际经营者，指使杨某、赵某多在菜籽油中掺入大豆油作为菜籽油销售，至案发时已生产并销售的菜籽油价值25.8876万元。已生产、尚未销售的菜籽油价值24.8218万元，后经专业鉴定该菜籽油为不合格产品，故兴化市希望粮油有限公司及张某山等人的行为均已达到生产、销售伪劣产品罪的定罪标准，且属于应当按第二档加重处罚的情况。

其次，根据《刑法》第225条的规定，非法经营罪是指违反国家规定，非法经营，扰乱市场秩序情节严重的行为。2013年5月《最高人民法院、最高人民检察院关于办理危害食品安全刑事案件适用法律若干问题的解释》第11条第2款规定，违反国家规定，生产、销售国家禁止生产、销售、使用的饲料、饲料添加剂，或者饲料原料、饲料添加剂原料，情节严重的，按照非法经营罪定罪处罚。国务院2011年修订并于2012年5月1日施行的《饲料和饲料添加剂管理条例》第2条规定，饲料原料目录和饲料添加剂品种目录由国务院农业行政主管部门制定并公布。第17条规定，饲料生产企业禁止使用国务院农业行政主管部门公布的饲料原料目录、饲料添加剂品种目录和药物饲料添加剂品种目录以外的任何物质生产饲料。原农业部 2012 年制定并于 2013 年 1 月 1 日施行的《饲料原料目录》中无“饲料级混合油”。本案中，江苏来生油脂香有限公司、滕州伟业饲料科技有限公司等从餐厨废油提炼加工的混合油不在《饲料原料目录》中，将这种混合油作为饲料原料销售，重量 6600 余吨，金额合计人民币 3558.1838 万元，非法获利 60 万余元，上述行为违反了国家规定，符合单位非法经营数额在 50 万元以上，或者违法所得数额在 10 万元以上的立案追诉标准，应以非法经营罪定罪处罚。至于是按哪一档法定刑处罚，下面作进一步分析。

（二）本案定非法经营罪的，为何不能认定为情节特别严重？

根据 2010 年 5 月 7 日《最高人民检察院、公安部关于公安机关管辖的刑事案件立案追诉标准的规定（二）》，从事非法经营活动，个人非法经营数额在 5 万元以上，或者违法所得数额在 1 万元以上的；单位非法经营数额在 50 万元以上，或者违法所得数额在 10 万元以上的，认定为情节严重。现有法律或司法解释对非法经营烟草等部分产品“情节特别严重”的数额标准作出了规定，对于非法经营其他产品包括饲料原料“情节特别严重”的数额标准未作出规定。司法实践中，审判机关往往本着有疑义时有利于被告人的原则作出保守的认定，即不认定加重处罚的“情节特别严重”。本案中一审法院及公诉机关均认定了“情节特别严重”，但二审法院综合本案的具体情节，不认定相关单位和个人属于“情节特别严重”，就是这种思路的表现。

知识拓展

（一）生产、销售伪劣产品罪的立法过程

我国 1979 年《刑法》没有专门规定伪劣商品犯罪，实践中是以投机倒把罪处理的。1993 年全国人大常委会通过的《关于惩治生产、销售伪劣产商品

犯罪的决定》，将生产、销售伪劣商品行为从投机倒把罪中分离出来，单独规定了罪状和刑罚。1997 年修订《刑法》时，上述决定的规定被吸纳到刑法中，但将该决定中规定的违法所得修改为销售金额，追诉标准也由 2 万元改为 5 万元。

（二）生产、销售伪劣产品罪的定罪条件和标准

根据《刑法》第 140 条规定，构成生产、销售伪劣产品罪必须具备以下条件：

1. 行为主体是生产者、销售者，包括从事产品生产或者销售的自然人和单位，不包括消费者。

2. 行为侵犯的客体是产品生产、销售领域的市场经济秩序。

3. 行为人主观方面是故意，明知是伪劣产品仍进行生产或者销售，过失实施以上行为的不构成本罪。

4. 行为人客观上实施了在产品中掺杂、掺假，以假充真，以次充好或者以不合格产品冒充合格产品的行为。

根据 2001 年 4 月 10 日起施行的《最高人民法院、最高人民检察院关于办理生产、销售伪劣商品刑事案件具体应用法律若干问题的解释》（以下简称《生产、销售伪劣商品解释》）第一条规定，《刑法》第 140 条规定的“在产品中掺杂、掺假”，是指在产品中掺入杂质或者异物，致使产品质量不符合国家法律、法规或者产品明示质量标准规定的质量要求，降低、失去应有使用性能的行为。“以假充真”，是指以不具有某种使用性能的产品冒充具有该种使用性能的产品的行为。“以次充好”，是指以低等级、低档次产品冒充高等级、高档次产品，或者以残次、废旧零配件组合、拼装后冒充正品或者新产品的行为。“不合格产品”，是指不符合《产品质量法》第 26 条第 2 款规定的质量要求的产品。对上述行为难以确定的，应当委托法律、行政法规规定的产品质量检验机构进行鉴定。

5. 行为人实施的行为达到定罪标准即追诉标准。根据《刑法》第 140 条及 2008 年 6 月 25 日起施行的《最高人民检察院、公安部关于公安机关管辖

的刑事案件立案追诉标准的规定（一）》（公通字〔2008〕36号）第16条的规定，追诉标准如下：伪劣产品销售金额5万元以上的；伪劣产品尚未销售，货值金额15万元以上的；伪劣产品销售金额不满5万元，但将已销售金额乘以三倍后，与尚未销售的伪劣产品货值金额合计15万元以上的。

根据《生产、销售伪劣商品解释》第2条规定，这里的“销售金额”，是指生产者、销售者出售伪劣产品后所得和应得的全部违法收入。伪劣产品尚未销售，货值金额达到《刑法》第140条规定的销售金额三倍以上的，以生产、销售伪劣产品罪（未遂）定罪处罚。货值金额以违法生产、销售的伪劣产品的标价计算；没有标价的，按照同类合格产品的市场中间价格计算。货值金额难以确定的，按照国家计划委员会、最高人民法院、最高人民检察院、公安部于1997年4月22日联合发布的《扣押、追缴、没收物品估价管理办法》的规定，委托指定的估价机构确定。多次实施生产、销售伪劣产品行为，未经处理的，伪劣产品的销售金额或者货值金额累计计算。

需要指出，2013年5月4日起施行的《最高人民法院、最高人民检察院关于办理危害食品安全刑事案件适用法律若干问题的解释》第10条规定，生产、销售不符合食品安全标准的食品添加剂，用于食品的包装材料、容器、洗涤剂、消毒剂，或者用于食品生产经营的工具、设备等，构成犯罪的，依照《刑法》第140条的规定以生产、销售伪劣产品罪定罪处罚。

（三）量刑标准

1. 个人犯罪量刑标准

根据《刑法》第140条及上述立案追诉标准的规定，生产、销售伪劣产品罪法定刑分为四档。

（1）销售金额5万元以上不满20万元，或者伪劣产品尚未销售，货值金额15万元以上，或者伪劣产品销售金额不满5万元，但将已销售金额乘以三倍后，与尚未销售的伪劣产品货值金额合计15万元以上的，处二年以下有期徒刑或者拘役，并处或者单处销售金额50%以上二倍以下罚金；

（2）销售金额20万元以上不满50万元的，处二年以上七年以下有期徒刑，并处销售金额50%以上二倍以下罚金；

（3）销售金额50万元以上不满200万元的，处七年以上有期徒刑，并处销售金额50%以上二倍以下罚金；

（4）销售金额200万元以上的，处十五年有期徒刑或者无期徒刑，并处销售金额50%以上二倍以下罚金或者没收财产。

2. 单位犯罪定罪量刑标准

根据《刑法》第150条的规定，单位犯《刑法》第140条至第148条规定之罪的，对单位判处罚金，并对其直接负责的主管人员和其他直接责任人员，依照各该条的规定处罚。

根据《最高人民检察院、公安部关于公安机关管辖的刑事案件立案追诉标准的规定（一）》第100条的规定，上述对个人犯罪的立案追诉标准，适用于相关的单位犯罪。

3. 宽严相济的政策

《生产、销售伪劣商品解释》第12条规定，国家机关工作人员参与生产、销售伪劣商品犯罪的，从重处罚。

2003年5月15日起施行的《最高人民法院、最高人民检察院关于办理妨害预防、控制突发传染病疫情等灾害的刑事案件具体应用法律若干问题的解释》第2条规定，在预防、控制突发传染病疫情等灾害期间，生产、销售伪劣的防治、防护产品、物资，或者生产、销售用于防治传染病的假药、劣药，构成犯罪的，分别依照《刑法》第140条、第141条、第142条的规定，以生产、销售伪劣产品罪，生产、销售假药罪或者生产、销售劣药罪定罪，依法从重处罚。

2020年2月6日起施行的《最高人民法院、最高人民检察院、公安部、司法部关于依法惩治妨害新型冠状病毒感染肺炎疫情防控违法犯罪的意见》（法发〔2020〕7号）提出，要依法严惩制假售假犯罪。在疫情防控期间，生产、销售伪劣的防治、防护产品、物资，或者生产、销售用于防治新型冠状病毒感染肺炎的假药、劣药，符合《刑法》第140条、第141条、第142条规定的，以生产、销售伪劣产品罪，生产、销售假药罪或者生产、销售劣药罪定罪处罚。

对于在疫情防控期间实施有关违法犯罪的，要作为从重情节予以考量，依法体现从严的政策要求，有力惩治、震慑违法犯罪，维护法律权威，维护社会秩序，维护人民群众生命安全和身体健康。

（四）罪数、未遂、共犯

1. 一罪与数罪的认定

根据《刑法》第149条规定，生产、销售《刑法》第141条至第148条所列产品，不构成各该条规定的犯罪，但是销售金额在5万元以上的，依照《刑法》第140条的规定定罪处罚。生产、销售《刑法》第141条至第148条所列产品，构成各该条规定的犯罪，同时又构成《刑法》第140条规定之罪的，依照处罚较重的规定定罪处罚。

《生产、销售伪劣商品解释》第10条规定，实施生产、销售伪劣商品犯罪，同时构成侵犯知识产权、非法经营等其他犯罪的，依照处罚较重的规定定罪处罚。《生产、销售伪劣商品解释》第11条规定，实施《刑法》第140条至第148条规定的犯罪，又以暴力、威胁方法抗拒查处，构成其他犯罪的，依照数罪并罚的规定处罚。

2013年5月4日起施行《最高人民法院、最高人民检察院关于办理危害食品安全刑事案件适用法律若干问题的解释》第10条规定，生产、销售不符合食品安全标准的食品添加剂，用于食品的包装材料、容器、洗涤剂、消毒剂，或者用于食品生产经营的工具、设备等，构成犯罪的，依照《刑法》第140条的规定以生产、销售伪劣产品罪定罪处罚。

2. 未遂的认定

除上述立案追诉标准提及未遂追诉标准外，2010年3月26日起施行的《最高人民法院、最高人民检察院关于办理非法生产、销售烟草专卖品等刑事案件具体应用法律若干问题的解释》也对未遂作了规定，其中第2条规定，伪劣卷烟、雪茄烟等烟草专卖品尚未销售，货值金额达到《刑法》第140条规定的销售金额定罪起点数额标准的三倍以上的，或者销售金额未达到5万元，但与未销售货值金额合计达到15万元以上的，以生产、销售伪劣产品罪（未遂）定罪处罚。

销售金额和未销售货值金额分别达到不同的法定刑幅度或者均达到同一法定刑幅度的，在处罚较重的法定刑幅度内酌情从重处罚。

3. 共犯的认定

根据《生产、销售伪劣商品解释》第 9 条的规定，知道或者应当知道他人实施生产、销售伪劣商品犯罪，而为其提供贷款、资金、账号、发票、证明、许可证件，或者提供生产、经营场所或者运输、仓储、保管、邮寄等便利条件，或者提供制假生产技术的，以生产、销售伪劣商品犯罪的共犯论处。

普法提示

（一）刑法的禁止性规定

《产品质量法》第 32 条规定，生产者生产产品，不得掺杂、掺假，不得以假充真、以次充好，不得以不合格产品冒充合格产品。第 39 条规定，销售者销售产品，不得掺杂、掺假，不得以假充真、以次充好，不得以不合格产品冒充合格产品。第 50 条规定，在产品中掺杂、掺假，以假充真，以次充好，或者以不合格产品冒充合格产品的，责令停止生产、销售，没收违法生产、销售的产品，并处违法生产、销售产品货值金额 50% 以上三倍以下的罚款；有违法所得的，并处没收违法所得；情节严重的，吊销营业执照；构成犯罪的，依法追究刑事责任。

现行《刑法》第 140 条规定，生产者、销售者在产品中掺杂、掺假，以假充真，以次充好或者以不合格产品冒充合格产品，销售金额 5 万元以上不满 20 万元的，处二年以下有期徒刑或者拘役，并处或者单处销售金额 50% 以上二倍以下罚金；销售金额 20 万元以上不满 50 万元的，处二年以上七年以下有期徒刑，并处销售金额 50% 以上二倍以下罚金；销售金额 50 万元以上不满 200 万元的，处七年以上有期徒刑，并处销售金额 50% 以上二倍以下罚金；销售金额 200 万元以上的，处十五年有期徒刑或者无期徒刑，并处销售金额50%以上二倍以下罚金或者没收财产。

此外，我国《消费者权益保护法》第56条、第57条也有对生产、销售伪劣产品追究刑事责任的类似规定。

（二）预防犯罪提示

企业要生存发展，离不开好的营商环境特别是法治环境，更离不开自觉的学法、守法和用法。就生产、销售环节而言，企业除应在核定的营业范围内生产经营外，还应当熟悉其他调节市场生产、流通领域的法律法规。特别是要认真学习、遵守和适用好《产品质量法》。好的法治水平也是企业的重要生产力和竞争力。

案例二

生产、销售假药的罪与罚

王芊雯[①]

案情回顾

（一）基本案情

2017 年下半年，被告人杜某生违反药品管理法规，在没有任何销售凭证的情况下，从他人处购进散装的减肥药胶囊，并自行在网上购买了空塑料瓶、将散装的减肥药胶囊按大瓶 60 粒、小瓶 30 粒的规格封装，并印制说明书、标签进行粘贴，在其私人诊所内进行销售。后其又以“老客户专拍”为名挂在其经营的淘宝店铺“健乐养生堂”中对外销售，通过快递邮寄方式向全国多省市地区的购买者发货，销售金额共计人民币 100 余万元。原北京市东城区食品药品监督管理局执法人员在对被告人杜某生的诊所进行监督检查时，当场查获该药品，后在该批“中药胶囊内”检出西药成分西布曲明，经原北京市东城区食品药品监督管理局认定，涉案的减肥药胶囊应依法按假药论处。2017 年 4 月 25 日，被告人杜某生在北京市东城区食品药品监督管理局配合执法后被民警依法传唤到案。

（二）审理过程

2018 年，北京市某中级人民法院经审理认为，被告人杜某生生产、销售假药，情节特别严重，其行为扰乱了社会主义市场经济秩序，侵犯了国家的药品管理制度，构成生产、销售假药罪。鉴于被告人杜某生到案后能够如实供述自己的罪行，可依法对其从轻处罚。据此，判处杜某生有期徒刑十年，并处罚金人民币 240 万元。

---

① 北京市第二中级人民法院刑二庭法官助理。

本案中，杜某生的假药系从他处购买，其只是将购买的药品分装，并印制说明书、标签进行粘贴，为何会构成生产假药罪呢？

法理分析

本案中的杜某生，在没有任何销售凭证的情况下，将从他人处购得的含有西药成分的“纯中药胶囊”重新分装，印制说明书、标签进行粘贴，并予以销售，该行为所触犯的罪名是《刑法》第 141 条规定的生产、销售、提供假药罪。生产、销售、提供假药是指自然人或者单位故意生产、销售、提供假药的行为。该罪名的认定主要涉及以下几个方面的内容。

（一）药品

根据《药品管理法》第 2 条规定，药品是指用于预防、治疗、诊断人的疾病，有目的地调节人的生理机能并规定有适应症或者功能主治、用法和用量的物质，包括中药、化学药和生物制品等。

（二）假药

假药是指按照《药品管理法》的规定属于假药和按照假药处理的药品、非药品。根据《药品管理法》第 98 条规定，有下列情形之一的，属于假药：

1. 药品所含成份与国家药品标准规定的成份不符。《药品管理法》第 28 条规定，药品应当符合国家药品标准。经国务院药品监督管理部门核准的药品质量标准高于国家药品标准的，按照经核准的药品质量标准执行；没有国家药品标准的，应当符合经核准的药品质量标准。国务院药品监督管理部门颁布的《药典》和药品标准为国家药品标准。第 44 条规定，中药饮片应当按照国家药品标准炮制；国家药品标准没有规定的，应当按照省、自治区、直辖市人民政府药品监督管理部门制定的炮制规范炮制。省、自治区、直辖市人民政府药品监督管理部门制定的炮制规范应当报国务院药品监督管理部门备案。不符合国家药品标准或者不按照省、自治区、直辖市人民政府药品监督管理部门制定的炮制规范炮制的，不得出厂、销售。

2. 以非药品冒充药品或者以他种药品冒充此种药品。以非药品冒充药品，是指以不具有药用价值的物质冒充具有药用价值的物质。以他种药品冒充此种药品，是指具有不同的药用价值的两种药品之间的冒充。

3. 变质的药品。

4. 药品所标明的适应症或者功能主治超出规定范围。虽然这种药品具有一定的疗效，但这只是针对其所标明的适应症的一部分，对于超出范围的，则没有疗效。所以，这种药品用于超出规定的适应症，与假药具有同样的危害性。

对于是否属于“假药”难以确定的，司法机关可以根据地市级以上药品监督管理部门出具的认定意见等相关材料进行认定。必要时，可以委托省级以上药品监督管理部门设置或者确定的药品检验机构进行检验。

注意：《药品管理法》所称的药品，是指用于人体的药品。但这并不意味着本罪的药品客观上都能够用于人体，有些物品本来不能用于人体，但行为人将其假冒为药品而提供给人使用的，就是本罪中的假药。

对于生产销售伪劣农药、兽药、化肥、种子的行为按照《刑法》第 147 条认定。对于实施生产、销售假药，同时构成非法采供血等犯罪的，依照处罚较重的规定定罪处罚。

（三）本罪的构成要件

本罪的客体是复杂客体，主要客体是药品管理秩序，次要客体是患者的健康权、生命权等合法权益。本罪的客观方面表现为违反药品管理法律、法规，生产、销售假药的行为及明知是假药而提供给他人使用的行为。

1. 生产、销售假药

一切制造、加工、配制、采集、收集某种物品充当合格或特定药品的行为，都是生产假药的行为。以某种原材料制造、加工成不合格药品，采集非药品充当药品，将其他药品充当此种药品，收集禁止使用的、变质不能药用的物品充当药品的行为都是生产假药的行为。例如，以生产、销售假药为目的，（1）合成、精制、提取、储存、加工炮制药品原料的行为；（2）将药品原料、辅料、包装材料制成成品过程中，进行配料、混合、制剂、储存、包装等行为；（3）印制包装材料、标签、说明书等行为，均属于生产假药的行为。

一切向不特定人或者多数人有偿提供假药的行为，都是销售假药的行为。销售的行为既可能是公开的，也可能是秘密的；既可能是批量销售，也可能是零散销售。有偿转让假药可能是获得金钱，也可能是获取其他利益。假药的来源可能是自己生产的，也可能是自己购买的。

根据《最高人民法院、最高人民检察院关于办理危害药品安全刑事案件适用法律若干问题的解释》（以下简称《药品安全解释》）第8条规定，明知他人生产、销售假药、劣药，而有下列情形之一的，以共同犯罪论处：（1）提供资金、贷款、账号、发票、证明、许可证件的；（2）提供生产、经营场所、设备或者运输、储存、保管、邮寄、网络销售渠道等便利条件的；（3）提供生产技术或者原料、辅料、包装材料、标签、说明书的；（4）提供广告宣传等帮助行为的。

2. 提供假药

根据《刑法修正案（十一）》的规定，药品使用单位的人员明知是假药而提供给他人使用的，也按照《刑法》第141条第1款规定处罚。该行为不要求以营利为目的。本罪的主体是自然人与单位。其是否具有生产、销售药品的合法资格并不影响本罪的成立。本罪主观方面为故意。

本案杜某生的行为，系在将散装药包装成成品的过程中，进行印制包装材料、标签、说明书，属于制造假药的行为。

知识拓展

（一）本罪的历史沿革

2011年5月1日颁布《刑法修正案（八）》之前，《刑法》第141条原条文规定："生产、销售假药，足以严重危害人体健康的，处三年以下有期徒刑或者拘役，并处或者单处销售金额百分之五十以上二倍以下罚金；对人体健康造成严重危害的，处三年以上十年以下有期徒刑，并处销售金额百分之五十以上二倍以下罚金；致人死亡或者对人体健康造成特别严重危害的，处十年以上有期徒刑、无期徒刑或者死刑，并处销售金额百分之五十以上二倍以下罚金或者没收财产。”

《刑法修正案（八）》对本条进行了修改并加大了打击此项犯罪的力度。具体修改如下：

1. 将生产、销售假药规定为行为犯，降低了入罪门槛。删除了原条文关于假药“足以严重危害人体健康”的犯罪构成要件，修改后的本罪为行为犯，只要实施了生产、销售假药的行为就构成犯罪，可以更有力地打击生产、销售假药的行为。

2. 删除了“单处罚金”的规定并增加了可以适用较重刑罚的条件。在可以适用第二档刑判处“三年以上十年以下有期徒刑”的条件中，除保留“对人体健康造成严重危害”的规定外，增加了“或者有其他严重情节”的规定，这主要是指，尽管还没有出现对人体健康造成严重危害的实际后果，只要具有大量生产、销售假药等其他严重情节的，也可以适用该档刑罚；在适用第三档刑判处“十年以上有期徒刑、无期徒刑或者死刑”的条件中，除保留原条文规定的“致人死亡”外，将“或者对人体健康造成特别严重危害的”修改为“或者有其他特别严重情节的”，主要是指生产、销售的假药被服用后，致使多人严重残疾，以及具有生产、销售特别大量假药等情形。这样修改后更有利于打击此类犯罪。

3. 罚金刑更易适用。删除了原条文以“销售金额百分之五十以上二倍以下”计算罚金数额的规定，直接规定“并处罚金”。不仅进一步明确无论是在生产环节还是在销售环节，对假药的生产者、销售者都应当予以惩处，而且也解决了司法实践中有些生产假药犯罪的案件由于销售金额难以认定，罚金数额也难以确定的问题。

2020 年《刑法修正案（十一）》对本条再次作了修改，一方面，删除了原条文第二款“本条所称假药，是指依照《中华人民共和国药品管理法》的规定属于假药和按假药处理的药品、非药品”的规定。因 2019 年修订《药品管理法》缩小了假药的定义范围，删除了按照假药论处的药品情形。故《刑法修正案（十一）》删除该款规定，可以更好地与《药品管理法》进行衔接，同时也更好地兼顾到行政法规的频繁修改。但“假药”的范围依然应按照《药品管理法》等相关规定进行认定。另一方面，本条增加了“药品使用单位的人员明知是假药而提供他人使用的，依照前款规定处罚”的规定。该款规定主要针对的是医院、药房等工作人员，将捐赠、义诊等无偿给他人提供假药的行为纳入本罪的处罚范围。

（二）本罪的处罚

1. 量刑

根据《刑法》第 141 条和第 150 条的规定，生产、销售假药的，处三年以下有期徒刑或者拘役，并处罚金；对人体健康造成严重危害或者有其他严重情节的，处三年以上十年以下有期徒刑，并处罚金；致人死亡或者有其他特别严重情节的，处十年以上有期徒刑、无期徒刑或者死刑，并处罚金或者没收财产。单位犯本罪的，对单位判处罚金，并对其直接负责的主管人员和其他直接责任人员，依照上述规定处罚。

对于犯本罪的犯罪分子，应当依照刑法规定的条件，严格缓刑、免予刑事处罚的适用。对于适用缓刑的，应当同时宣告禁止令，禁止犯罪分子在缓刑考验期内从事药品生产、销售及相关活动。

2. 如何认定“对人体健康造成严重危害”？

根据《药品安全解释》第 2 条规定，生产、销售假药，具有下列情形之一的，应当认定为生产、销售假药罪的“对人体健康造成严重危害”：（1）造成轻伤或者重伤的；（2）造成轻度残疾或者中度残疾的；（3）造成器官组织损伤导致一般功能障碍或者严重功能障碍的；（4）其他对人体健康造成严重危害的情形。

根据《药品安全解释》第 1 条的规定，具有下列情节的，应当酌情从重处罚：（1）生产、销售的假药以孕产妇、婴幼儿、儿童或者危重病人为主要使用对象的；（2）生产、销售的假药属于麻醉药品、精神药品、医疗用毒性药品、放射性药品、避孕药品、血液制品、疫苗的；（3）生产、销售的假药属于注射剂药品、急救药品的；（4）医疗机构、医疗机构工作人员生产、销售假药的；（5）在自然灾害、事故灾难、公共卫生事件、社会安全事件等突发事件期间，生产、销售用于应对突发事件的假药的；（6）两年内曾因危害药品安全违法犯罪活动受过行政处罚或者刑事处罚的；（7）其他应当酌情从重处罚的情形。

3. 如何理解“其他严重情节”或“其他特别严重情节”？

根据《药品安全解释》第3条规定，生产、销售假药，具有下列情节之一的，应当认定为“其他严重情节”：（1）造成较大突发公共卫生事件的；（2）生产、销售金额20万元以上不满50万元的；（3）生产、销售金额10万元以上不满20万元，并具有该司法解释第1条规定情形之一的；（4）根据生产、销售的时间、数量、假药种类等，应当认定为情节严重的。

根据《药品安全解释》第4条规定，生产、销售假药，具有下列情形之一的，应当认定为“其他特别严重情节”：（1）致人重度残疾的；（2）造成三人以上重伤、中度残疾或者器官组织损伤导致严重功能障碍的；（3）造成五人以上轻度残疾或者器官组织损伤导致一般功能障碍的；（4）造成十人以上轻伤的；（5）造成重大、特别重大突发公共卫生事件的；（6）生产、销售金额50万元以上的；（7）生产、销售金额20万元以上不满50万元，并具有该司法解释第1条规定情形之一的；（8）根据生产、销售的时间、数量、假药种类等，应当认定为情节特别严重的。

（三）本罪与生产、销售伪劣产品罪的区别

从广义上说，假药也是伪劣产品，因此，生产、销售假药也是生产、销售伪劣产品。但是由于立法上已经对生产、销售假药的犯罪行为进行了特别立法，从而使其成为一个独立于生产、销售伪劣产品罪之外的新罪名。二者区别的关键首先是犯罪对象的不同。本罪的犯罪对象是特殊对象，即假药；而生产、销售伪劣产品罪的犯罪对象是一般对象，即一切伪劣产品。其次是构成犯罪的程度标准不同。本罪为行为犯，只需要实施即可构成犯罪，至于

实际是否危害人体健康，以及销售金额的大小，均不影响本罪的成立。而生产、销售伪劣产品罪则必须销售金额达到 5 万元才能构成犯罪。

普法提示

药品是用于防病、治病的特殊商品。假药不仅不能治病，反而会贻误、加重病情，甚至会致人伤残或者死亡。作为医疗机构工作人员或药品销售商，应该致力于救死扶伤，切勿贪图牟利，害了别人，更害了自己的前程。尤其注意的是，只要生产、销售假药，就有可能触犯刑法。而随着网上药品交易发展日渐迅猛，非法出售假药的黑网店开始如雨后春笋般大量出现。网络上充斥着大量夸大、虚假的广告，因此也建议广大购买药品的患者，在购买药品时，一定要擦亮眼睛，仔细看一看药品的生产厂家及生产日期，认准国家字号批文，杜绝“三无药品”，避免给家人和自己带来伤害。

案例三 | # 非国家工作人员受贿的罪与罚

吴炎冰[①]

案情回顾

A 公司经营范围为房地产开发、销售自行开发后的商品房、房地产信息咨询、物业管理、出租办公用房等。被告人小明于 2000 年 8 月进入 A 公司工作，为工程建设部职员，2004 年 9 月至案发任工程部副经理。工作职责是："负责项目的征地、拆迁工作。"

2000 年 8 月 23 日开始，海淀区人民政府就委托 A 公司对中关村西区周边道路进行建设。小明负责中关村西区的土地一级开发及周边道路的建设工作。从在案书证看，2001 年 10 月 10 日，小明代表 A 公司与地处中关村西区的棉纺厂签订《市政工程拆迁协议书》，协议约定拆除棉纺厂 214 平方米建筑，占用棉纺厂 700 平方米土地。2002 年 12 月 26 日，小明再次代表 A 公司与棉纺厂签订协议，就棉纺厂区内部分职工拆迁补偿事宜达成协议，A 公司支付补偿费用 150 万元。根据棉纺厂厂长的证言，小明的主要工作是作为 A 公司的代表与棉纺厂就拆迁问题进行洽谈并签署相关协议。小明在拆迁过程中帮棉纺厂做过不少具体的事，比如帮助解决 15 户拆迁户问题。降低拆迁成本，小明负责 A 公司在中关村西区的上下水管网工程，棉纺厂在未经批准的情况下，将临建的上下水接入水管网系统，小明发现后默认了上述接通行为。

2007 年七八月，棉纺厂拿到拆迁款后，召开了联席扩大会议并确定奖励兑现。厂长提出 160 万元的"特殊贡献奖"，其中即包括奖励小明 40 万元。后棉纺厂财务科副科长按厂长指示给了小明两张支票（各 10 万元）；又安排

---

① 北京市第二中级人民法院刑二庭员额法官。

下属一家房地产开发公司出纳从小金库内存入小明名下存折人民币 10 万元；又从单位小账上提取 10 万元现金，以“咨询费”名义付给小明。小明本人对收受上述 40 万元的事实供认不讳。

2012 年 6 月，检察院查棉纺厂厂长的职务犯罪过程中，从棉纺厂调取的账目相关文件中发现小明提取资金的备忘录，侦查人员逐笔核实了款项并调取相关证言、书证。2012 年 7 月，侦查人员将小明抓获。

小明及辩护人的辩解为：小明向棉纺厂及相关企业提供咨询服务，均是在其职权范围以外，棉纺厂获得利益与其职务行为无关；40 万元是其劳动报酬，不具有权钱交易性质；从房地产公司领取的 10 万元是其为棉纺厂开发清河地块提供咨询应得的报酬，与其职务身份无关。辩护人还提出小明事实上曾被聘为棉纺厂顾问，为棉纺厂提供咨询和水处理设备，其收受的 40 万元系劳动所得和水处理设备货款，而非受贿款。

法院裁判理由：根据棉纺厂厂长的证言，小明在拆迁过程中帮棉纺厂做过不少具体的事，在几项重大的拆迁事实问题上，小明没有说话不算话；棉纺厂厂长助理证明，小明应棉纺厂请求提供建议，帮助决策，协调关系，传递文件，还默许棉纺厂在未经批准的情况下，将临建的上下水接入管网系统。而小明在侦查阶段的供述也认可自己在工作中确实给棉纺厂提供了帮助，主要内容是让拆迁现场尽快恢复生产生活条件。因此，从目前的证据看，可以认定小明在棉纺厂临建上下水接入管网系统提供了帮助，无论该帮助是否属于正当行为，均与小明的职务身份密不可分。因此，小明收取 40 万元的行为应认定具有“权钱交易性质”。至于小明所提其为棉纺厂提供其他帮助，并无充分的证据予以证明，饮水机一事无相关合同，不能得出 40 万元为货款的结论，帮助清河项目并无其他证据证明，且厂长助理也予以否认。综上，法院以非国家工作人员受贿判处其有期徒刑八年。

法理分析

上述案例中，小明利用职务上的便利，非法收受他人财物，为他人谋取利益，其行为触犯了《刑法》第163条规定的非国家工作人员受贿罪。2020年12月26日修正后的《刑法》第163条规定："公司、企业或者其他单位的工作人员，利用职务上的便利，索取他人财物或者非法收受他人财物，为他人谋取利益，数额较大的，处三年以下有期徒刑或者拘役，并处罚金；数额巨大或者有其他严重情节的，处三年以上十年以下有期徒刑，并处罚金；数额特别巨大或者有其他特别严重情节的，处十年以上有期徒刑或者无期徒刑，并处罚金。"最高人民法院、最高人民检察院2016年出台的《关于办理贪污贿赂刑事案件适用法律若干问题的解释》(以下简称《贪污贿赂案件解释》)第十一条规定："刑法第一百六十三条规定的非国家工作人员受贿罪、第二百七十一条规定的职务侵占罪中的'数额较大''数额巨大'的数额起点，按照本解释关于受贿罪、贪污罪相对应的数额标准规定的二倍、五倍执行。"故"数额较大"的标准为6万元，"数额巨大"的标准为100万元，目前"数额特别巨大"的标准暂未明确，有待进一步确定。

职务侵占罪的犯罪构成是：

1. 本罪侵犯的客体：公司、企业或者其他单位的正常管理活动和社会主义市场经济公平竞争的交易秩序。犯罪对象为索取或者非法收受他人财物，既包括金钱和实物，也包括可以用金钱计算数额的非财产性利益，如提供房屋装修、含有金额的会员卡、代币卡、旅游费用等，具体数额以实际支付的资费为准。

2. 本罪的客观行为：利用职务上的便利，索取他人财物或者非法收受他人财物，为他人谋取利益，数额较大的行为。所谓"利用职务上的便利"，一般是指行为人利用自己在本单位所具有的主管、经营或参与某项事务的职权及方便条件，既包括利用本人职务上主管、参与某项事务的职务便利，也包括利用职务上有隶属关系的其他企业内部工作人员的职务便利。其中索取他人财物是指公司、企业的工作人员以为他人谋取利益为条件，向他人索取财物的行为；非法收受他人财物是指利用职务上的便利或者权力，接受他人主动给予的财物的行为。收受银行卡的，不论受贿人是否实际取出或者消费，卡内的存款数额一般应全额认定。如果给予银行卡的一方承担还款责任，透支数额也应当认定为受贿数额。这里的给予应当是实际给付行为，即作为贿赂物的财物已经从行贿人手中转移到受贿人控制之下。为他人谋取利益，既包括正当的利益，也包括不正当的利益；既包括已经谋取到的利益，也包括正在谋取的利益。

3. 本罪的犯罪主体：公司、企业或者其他单位的人员，而且上述人员不属于依法从事公务的国家工作人员。认定的依据主要是劳动合同、社保记录、工资记录、纳税记录、公司内部任命文件等。

4. 本罪的主观方面：故意，实际是具有权钱交易的目的。

知识拓展

（一）非国家工作人员受贿罪的既遂、未遂标准问题

非国家工作人员受贿罪侵犯的客体公司、企业或者其他单位的正常管理活动和社会主义市场经济公平竞争的交易秩序，本质上属于权钱交易。笔者认为以是否已经得到贿赂作为区分非国家工作人员受贿罪的既遂与未遂的标准较为妥当。因为只有得到了贿赂，才算完成了权钱交易。为他人谋取利益包括承诺为他人谋取利益、实施为他人谋取利益、实现为他人谋取利益三个阶段，处于任何一个阶段都属于为他人谋取利益，所以不能以是否实际谋取到利益作为区分既遂与未遂的标准，而应以是否实际得到贿赂作为标准。

（二）贿赂与馈赠的界限

正常的人情往来和馈赠是不构成犯罪的。对于贿赂与馈赠的区分认定主要应当结合以下因素全面分析、综合判断：发生财物往来的背景，如双方是否存在亲友关系及历史上交往的情形和程度；往来财物的价值；财物往来的缘由、时机和方式，提供财物方对于接受方有无职务上的请托；接受方是否利用职务上的便利为提供方谋取利益。根据以上因素，凡属权钱交易本质的均属贿赂。

（三）非国家工作人员与国家工作人员共同收受他人财物的处理

非国家工作人员与国家工作人员通谋，共同收受他人财物，构成共同犯罪的，根据双方利用职务便利的具体情形，分别定罪追究刑事责任：利用国家工作人员的职务便利为他人谋取利益的，以受贿罪追究刑事责任；利用非国家工作人员的职务便利为他人谋取利益的，以非国家工作人员受贿罪追究刑事责任；分别利用各自职务便利为他人谋取利益的，按照主犯的犯罪性质追究刑事责任，分不清主从犯的，可以受贿罪追究刑事责任。

普法提示

（一）非国家工作人员受贿罪的主体范围

随着打击商业贿赂活动的不断深入，非国家工作人员受贿罪的主体范围不断扩大，从最初的公司、企业的工作人员，扩大到企业以外的其他单位的工作人员。而“其他单位”既包括事业单位、社会团体、村民委员会、居民委员会、村民小组等常设性组织，也包括为组织体育赛事、文艺演出或者其他正当活动而成立的组委会、筹委会、工程承包队等非常设性组织。“其他单位的工作人员”主要是指医院、医疗机构、学校及其他教育机构、科研院所、出版社、报社、印刷厂、社会团体以及村委会、居委会等单位的非国家工作人员。依法组建的评标委员会、竞争性谈判采购中的谈判小组、询价采购中的询价小组的组成人员，在招标、采购等事项的评标和采购活动中，索取他人财物或者非法收受他人财物，为他人谋取利益的，数额较大的构成本罪。

（二）非国家工作人员受贿罪与非罪的界限

1. 公司、企业或者其他单位的工作人员利用职务上的便利，索取他人财物或者非法收受他人财物，为他人谋取利益，或者在经济往来中，利用职务上的便利，违反国家规定，收受各种名义的回扣、手续费，归个人所有，数额在 6 万元以上的，应予立案追诉。

2. 公司、企业、其他单位人员在法律、政策许可的范围，通过自己的劳动换取合理报酬的，不属于利用职务上的便利受贿，不是犯罪。

3. 公司、企业、其他单位人员接受亲朋好友的一般礼节性馈赠（详见上述贿赂与馈赠的界限），而没有利用职务上的便利为亲朋好友谋取利益的，不成立公司、企业、其他单位人员受贿罪。

4. 区分以收受回扣、手续费为特点的公司、企业、其他单位人员受贿罪与正当业务行为的界限。在正常的市场交易行为中，取得符合法律和政策规定的折扣、佣金是正当业务行为；而违反国家规定，收受各种名义的回扣、手续费，为个人所有的，应认定为公司、企业、其他单位人员受贿罪。区分的关键是是否违反国家规定。

（三）区分非国家工作人员受贿罪与受贿罪的界限

两罪区分的关键在于犯罪主体的不同：本罪的主体是公司、企业、其他单位人员，即非国家工作人员；受贿罪的主体是国家工作人员以及以国家工作人员论的国有公司、企业、其他单位中从事公务的人员和国有公司、企业、国有其他单位委派到非国有公司、企业、其他单位从事公务的人员。

（四）民营企业如何防止工作人员权钱交易？

商业贿赂行为作为一种不良风气，除了会破坏社会主义市场经济公平竞争的交易秩序，也会妨害公司、企业或者其他单位的正常管理活动，甚至发生损害企业利益的事情。民营企业欲防止工作人员存在权钱交易不正之风，首先要在企业管理活动中扎紧制度的笼子，制定严格完善的各项规章管理制度，建立健全惩戒机制并严格执行，让权钱交易现象无滋生的土壤，形成企业文化；其次要提高违法犯罪的成本，防微杜渐，让企业管理人员清醒地认识到一旦违法犯罪，除了工作不保、身败名裂，更会身陷囹圄，失去自由，对家庭和亲人造成不可挽回的伤害；最后要定期组织开展警示教育活动，让管理人员和员工认识到，不是只有国家工作人员才能成立受贿罪，以生动鲜活的案例让企业工作人员入脑入心，自觉摈弃不良风气。

案例四

骗取贷款的罪与罚

何朕[1]

案情回顾

（一）基本案情

格物公司是一家民营有限责任公司，江某是公司的法定代表人，同时也是格物公司的两个股东之一。2012 年，江某以格物公司的名义向致知小额贷款股份有限公司申请贷款。为了顺利通过贷款的审核，江某向致知公司的工作人员谎称公司贷款系用于钢材的经销业务，并且在审批材料中提供了与厚德公司虚假签订的钢材供销合同及虚报的格物公司财务数据。后来，致知公司向格物公司贷款 600 万元，格物公司将上述贷款全部用于归还该公司及控股的其他公司的贷款和债务。直至贷款偿还期届满，格物公司共向致知公司支付了利息 60 余万元，其余款息未能归还。致知公司后向公安机关进行报案。江某经公安机关电话通知后到案。

（二）审理过程

闵行区人民法院经审理认为，被告单位格物公司及其直接负责人员被告人江某以欺骗手段取得金融机构贷款，给金融机构造成特别重大损失，其行为均已构成骗取贷款罪。被告人江某系自首，对其减轻处罚。据此，法院判处被告单位格物公司犯骗取贷款罪，处罚金人民币 10 万元，判处被告人江某犯骗取贷款罪，处有期徒刑二年，并处罚金人民币 6 万元。宣判后，被告人江某不服提出上诉，上海市第一中级人民法院裁定驳回上诉，维持原判。

---

① 北京市第二中级人民法院刑二庭法官助理。

本案中被告人江某以公司名义骗取小额贷款公司贷款的行为是否构成骗取贷款罪？

法理分析

本案中，格物公司及其直接负责人江某，以欺骗手段取得金融机构贷款，给金融机构造成特别重大损失，其行为触犯了《刑法》第175条之一规定的骗取贷款罪。

骗取贷款罪的犯罪构成是：

1. 本罪的行为方式是以欺骗手段取得贷款，即行为人在申请贷款时实施了编造引进资金、项目等虚假理由，或使用虚假的经济合同、证明文件、产权证明作担保等欺骗行为，使金融机构工作人员产生错误认识，并基于这种错误认识，将本不应向行为人发放的贷款借贷给行为人。

2. 本罪的犯罪对象是银行或其他金融机构的贷款。贷款系指贷款人对借款人提供的并按约定的利率和期限还本付息的货币资金。

3. 构成本罪需要的犯罪结果是给银行或其他金融机构造成重大损失。根据现行立案标准，以欺骗手段取得贷款，给银行或其他金融机构造成直接经济损失数额在20万元以上的，可以作为刑事案件立案追诉。

4. 本罪的主观方面是故意，即行为人明知自己的行为在骗取银行或其他金融机构的贷款，仍追求或放任结果的发生。构成本罪不需要行为人具有非法占有的目的。

5. 本罪的犯罪主体是一般的自然人或单位。

骗取贷款罪的刑事责任是：给银行或者其他金融机构造成重大损失的，处三年以下有期徒刑或者拘役，并处或者单处罚金；给银行或者其他金融机构造成特别重大损失或者有其他特别严重情节的，处三年以上七年以下有期徒刑，并处罚金。

知识拓展

（一）骗取贷款罪的立法沿革

发放贷款是商业银行一项重要的金融业务，通过吸收存款、发放贷款，银行发挥着重要的“蓄水池”功能，促进资金在市场的流转、融通，保证经济活动的健康运行。但是银行的贷款业务不可避免地与放贷风险紧密捆绑在一起。银行除了面临金融市场的不确定性风险，还面临着贷款无法偿还的信用风险和内部人侵害的风险。为了加强对商业银行信贷资金的保护，刑法针对侵害信贷安全的犯罪行为形成了严密的法网。

1995 年《商业银行法》第 80 条规定，借款人采取欺诈手段骗取贷款，构成犯罪的，依法追究刑事责任。同年全国人大常委会审议通过的《关于惩治破坏金融秩序犯罪的决定》，首次设立了贷款诈骗罪、违法发放贷款罪、违法向关系人发放贷款罪。1997 年出台的《刑法》在将以上罪名予以收纳的基础上，又设立了高利转贷罪。在上述罪名出台后，司法实践面临的问题是，由于非法占有目的证明比较困难，许多案件无法被认定为犯罪，客观上放纵了一部分骗取贷款、严重威胁金融安全的行为；或者是要么认定为犯罪并判处重刑，要么判决无罪，常常导致司法陷入两难境地。因此，经过审慎研究，2006 年全国人大常委会通过的《刑法修正案（六）》增设了骗取贷款罪，将虚假陈述但不具有非法占有目的的金融欺诈行为予以犯罪化，进一步强化了对侵害信贷秩序和信贷资金安全行为的刑法保护力度，也使骗取贷款罪成为难以证明诈骗贷款的非法占有目的情况下的兜底罪名。2020 年，《刑法修正案（十一）》进一步对骗取贷款罪的入罪门槛进行修改，取消情节严重的罪量要件，仅保留了给银行或者其他金融机构造成重大损失作为入刑的结果要件。

（二）骗取小额贷款公司贷款的定性

根据骗取贷款罪构成要件的规定，本罪侵害的对象是银行或其他金融机构的贷款。在本章介绍的案例中，被告人江某和被告单位格物公司骗取的是小额贷款公司的贷款，存在的问题是，小额贷款公司是否属于构成要件规定的金融机构?

法院的判决认为小额公司属于金融机构，骗取小额公司贷款的行为构成骗取贷款罪，我们认为这种观点是正确的。2008 年原中国银行业监督管理委员会、中国人民银行联合下发《关于小额贷款公司试点的指导意见》(以下简称《指导意见》)，明确小额贷款公司是由自然人、企业法人与其他社会组织投资设立，不吸收公众存款，经营小额贷款业务的有限责任公司或股份有限公司。

首先，发放贷款业务当然属于金融业务，商业银行是典型的金融机构，而其重要的业务就是发放贷款。其次，小额贷款公司不属于未经批准从事金融业务的机构。根据《指导意见》，原中国银行业监督管理委员会、中国人民银行授权省级政府明确一个主管部门（金融办或相关机构）负责对小额贷款公司的监督管理，并承担小额贷款公司风险处置责任，在本省（区、市）的县域范围内开展组建小额贷款公司试点。小额贷款公司的设立，应向省级政府主管部门提出正式申请，经批准后，到当地工商行政管理部门申请办理注册登记手续并领取营业执照。此外，还应在五个工作日内向当地公安机关、中国银行业监督管理委员会派出机构和中国人民银行分支机构报送相关资料。因此，依法成立的小额贷款公司在银保监会及中国人民银行的监管下，属于经批准成立的金融机构。最后，中国人民银行的相关监管措施也在事实上认可了小额贷款公司的金融机构性质，例如向小额贷款公司颁发金融机构代码、将小额贷款公司纳入金融统计的范围等。

综上，不仅骗取商业银行贷款的行为构成犯罪，骗取小额贷款公司等依法从事发放贷款业务金融机构的贷款，同样构成骗取贷款罪。

（三）骗取贷款罪与其他相关犯罪的关系

1. 本罪与贷款诈骗罪的关系

本罪与贷款诈骗罪的关系同非法吸收公众存款罪与集资诈骗罪的关系类

似，骗取贷款罪是贷款诈骗罪的兜底罪名。两罪的相同之处在于：一是犯罪对象相同，均为银行及其他金融机构的贷款；二是行为方式相同，均为以欺骗手段取得贷款。

两罪的区别在于：一是主观目的不同。贷款诈骗罪要求行为人具有不想归还贷款的非法占有目的，骗取贷款罪则无此要件。二是犯罪主体方面，骗取贷款罪可以由自然人或单位构成，贷款诈骗罪则不包含单位犯罪。

此外，骗取贷款罪与贷款诈骗罪可以通过共犯形式并存。在骗取贷款罪共同犯罪中，部分行为人具有非法占有目的，其他行为人没有非法占有贷款的共同故意的，对具有非法占有目的的行为人以贷款诈骗罪定罪处罚。

2. 本罪与高利转贷罪的关系

《刑法》第 175 条规定了高利转贷罪，构成要件是以转贷牟利为目的，套取金融机构资金高利转贷他人，违法所得数额较大。两罪的犯罪对象均为银行或其他金融机构的贷款。两罪的区别主要体现在：一是主观目的上，骗取贷款罪没有目的上的特别要求，高利转贷罪要求行为人套取贷款时具有转贷牟利的目的。二是客观行为上，高利转贷罪的行为未必采取了欺骗手段，如通过与银行工作人员勾结套取银行贷款再转贷给他人的，也可以构成该罪，但同样的行为可能不构成骗取贷款罪。

3. 本罪与伪造、变造国家机关公文、证件、印章罪等犯罪的关系

行为人为了骗取贷款，还实施伪造、变造国家机关公文、证件、印章，伪造公司、企业、事业单位、人民团体印章罪，伪造、变造金融票证罪的，属于手段行为与目的行为相牵连的牵连犯，实践中一般只判处一罪，按照处罚较重的罪名处理。同理，中介组织人员为了帮助他人骗取贷款，故意为他人提供虚假证明文件，同时构成骗取贷款罪和提供虚假证明文件的，按照牵连犯的原理从一重罪论处。

普法提示

民营企业是非公有制经济的重要组成部分，民营企业融资渠道的顺畅对社会主义市场经济的发展至关重要。但是，民营企业进行融资也应在法治的轨道内开展。实践中，民营企业骗取贷款的刑事风险高发，部分原因在于民营企业的刑事合规意识和法制观念不强。民营企业防控申请贷款过程中存在的刑事风险，应当摒除以下错误观念。

（一）错误观念之一：企业骗取贷款仅需负责人承担责任

根据骗取贷款罪的犯罪构成，自然人和单位都可能构成骗取贷款罪。此处的单位包括具有法人资格的独资、私营等公司和企业。以单位的分支机构、内设机构或者部门的名义实施犯罪，且违法所得归其所有的，也应认定为单位犯罪。但个人为进行违法犯罪活动设立公司，或公司设立后，以实施犯罪为主要活动的，不认定为单位犯罪。盗用单位名义实施犯罪，违法所得由实施犯罪的个人私分的，不认定为单位犯罪。

区分骗取贷款的行为是单位犯罪还是个人犯罪，除了上述单位主体的限制，还要看该行为能否体现单位的意志。一方面，如果骗取贷款的行为是按照单位的决策程序决定的，例如经过公司的董事会讨论决定，则该行为体现了单位的整体意志，应归责于单位；另一方面，骗取贷款行为虽未经过单位决策机构集体决策，但系单位的相关负责人为了单位的利益，按照其职责权限亲自或安排他人实施的，也应当认为可以代表单位的意志。

骗取贷款罪的单位犯罪处罚是“双罚制”，既对单位判处罚金刑，又对直接负责的主管人员和其他直接责任人员判处刑罚。因此，民营企业在办理贷款相关业务时，应当加强对内的刑事合规审核和培训，从制度上预防骗取贷款的刑事风险。

（二）错误观念之二：有银行内部人员做内应一概不构成骗取贷款罪

实践中，一些骗贷的行为不仅是申请贷款一方递交虚假材料，银行内部的工作人员也可能知情甚至参与了共谋，这种情况下，很多被告人提出辩解认为自己的行为不属于骗取贷款，因为银行没有受骗。根据骗取贷款罪的犯罪构成，构成犯罪确需行为人实施欺骗行为和受骗人陷入认识错误之间存在因果关系。对这个问题有必要进一步区分情况进行讨论。

根据是否具有发放贷款的审核决定权，可以将银行内部人士分为一般工作人员和贷款发放审核人。申请人如果是与前者进行内外勾结，例如接收、上报材料的一线人员，但具体负责审核的人员陷入认识错误，作出了放贷决定，这仍然属于申请人与银行工作人员共同骗取银行贷款。如果贷款发放审核人明知申请人不符合贷款条件仍为其办理贷款，或者指使申请人提供虚假材料，这种情况下的确不宜认为银行受到欺骗，因为银行作为法人组织，它的意志是通过组织中的自然人行为体现的，根据银行内部的程序承担审核贷款权限的工作人员，对外代表银行的意志，审核者没有陷入认识错误，就不能认为贷款申请人的行为成立诈骗。此时，相关的银行工作人员构成违法发放贷款罪。如果申请人为此向银行工作人员给予财物，仍然可以按照行贿类犯罪追究刑事责任。

综上，民营企业及工作人员应当树立对骗取贷款罪的正确认识，尊重规则，敬畏法律，加强企业内部的刑事合规机制建设，注意防范申请贷款过程中存在的刑事风险。

案例五

非法吸收公众存款的罪与罚

常燕[①]

案情回顾

（一）基本案情

罗某，一名并无金融业从业背景的无业人员，在考察了相关市场行情后，发现高利吸收公众存款后进行集中投资大有可为，便于 2015 年 5 月成立了北京财富投资管理咨询有限公司，在没有任何融资经营许可的情况下开始售卖所谓的高回报保本理财产品——理财周期 1 个月，年化收益 7%，而且保本保息，安全无忧。为了扩大公司的影响力，增加资金吸收量，罗某特地雇用了专业人士制作了精美的公司网页进行宣传，同时还要求业务员在热闹的街市、商业区附近散发宣传单，随机拨打大量电话向客户进行推销。尽管罗某想尽办法，但销售业绩仍不尽如人意，半年的时间，才吸收了不到 100 万元的资金，远远未达到他的预期。

为了招揽“人才”帮助公司进一步扩大销售额，罗某慧眼识英才，一眼就看中了行业资深人士陈某。为了招揽陈某，罗某提出给陈某销售额的 14% 作为提成。11 月，陈某入职公司，担任公司销售理财端总负责人，负责销售方面的事项。

为了提高销售额，陈某使出浑身解数。一方面，她以高额提成激励业务员提高业绩，加大销售量；另一方面，在老客户购买理财产品后，她也不忘扩大营销范围，将老客户发展为兼职业务员，吸引更多的客户前来投资。短短一个月的时间，陈某及其所带领的销售团队就吸收了客户的资金共计 360 余万元。

---

① 北京市第二中级人民法院刑二庭法官。

出于职业习惯和敏感性，陈某很快便发觉财富公司以高额利息吸收来的资金缺乏合适的投资渠道，资金运营风险很大，极易出现资金链断裂的危险。而且作为该行业的从业人员，陈某也深知如果进行社会融资，公司必须具有相应的执业许可，且注册资金必须在1亿元以上，而这些条件财富公司都不具备。因此一个月后，陈某便从该公司离职了。离职时，陈某深感不值，因其所获提成大部分都用于激励业务员扩大销售额，因此一个月的工资、提成等收入共计才1万余元，与其销售总监的地位及职权甚是不符。

陈某离职后，不出所料，公司所吸收的资金大部分用于房租开销、购买办公设备及支付员工公资和提成，没有任何的投资回报，却要大量支付客户的高额利息，公司的资金链很快就断裂了。老板罗某见此情况，三十六计走为上计，溜之大吉。投资人见期限到了，利息迟迟未到账，前往公司询问时才发现公司已经人去楼空。投资人纷纷报警，两年后，罗某走投无路，向公安机关投案自首，但也声称自己身无分文，无力偿还投资人的损失。陈某本来稳坐钓鱼台，一直坚信自己仅是公司员工，依照老板吩咐进行销售，且仅在公司工作1个月，所获收入才1万余元，无论如何也不会构成犯罪，却不料随着罗某的落网，陈某也继而被侦查人员抓获归案。

（二）审理过程

2018年1月2日和11月13日，北京市东城区人民检察院指控被告人罗某、陈某犯非法吸收公众存款罪，向东城区人民法院提起公诉。东城区人民法院经公开开庭审理后认为：被告人罗某、陈某违反国家金融管理制度，以承诺高额返利的方式，非法吸收公众资金，数额巨大，二被告人的行为扰乱了金融秩序，均已构成非法吸收公众存款罪，依法应予刑事处罚。北京市东城区人民检察院指控被告人罗某、陈某犯非法吸收公众存款罪的罪名成立。被告人罗某作为财富公司的法定代表人及实际控制人，其组织、领导公司的各项工作，应对本案全部犯罪数额458万元承担责任。被告人陈某作为财富公司销售总监，负责管理销售团队的工作，并发放销售团队员工提成，陈某应对其团队非法吸收的365万元公众存款承担责任。鉴于被告人罗某自动投案并如实供述主要犯罪事实，系自首，依法对其从轻处罚。被告人陈某到案后能够如实供述犯罪事实，家属已退缴部分违法所得，取得部分投资人谅解，依法对其从轻处罚。据此，东城区人民法院于2018年12月26日作出一审判决：一、被告人罗某犯非法吸收公众存款罪，判处有期徒刑三年六个月，并处罚金人民币5万元。二、被告人陈某犯非法吸收公众存款罪，判处有期徒刑三年，并处罚金人民币5万元。三、责令被告人罗某退赔违法所得人民币4407885.33元；被告人陈某在人民币3492410.33元范围内与被告人罗某承担连带退赔责任；上述退赔款项发还各投资人。四、在案扣押被告人陈某的人民币3万元，并入本判决主文第三项退赔项执行。宣判后，陈某不服，提出上诉。2019年4月16日，北京市第二中级人民法院终审裁定驳回上诉，维持原判。

本案中，对于犯罪数额的认定标准是审理过程中控辩双方的争议焦点，如何准确认定犯罪数额是本案审理的关键问题。

法理分析

《刑法》第176条规定："非法吸收公众存款或者变相吸收公众存款，扰乱金融秩序的，处三年以下有期徒刑或者拘役，并处或者单处罚金；数额巨大或者有其他严重情节的，处三年以上十年以下有期徒刑，并处罚金；数额特别巨大或者有其他特别严重情节的，处十年以上有期徒刑，并处罚金。单位犯前款罪的，对单位判处罚金，并对其直接负责的主管人员和其他直接责任人员，依照前款的规定处罚。有前两款行为，在提起公诉前积极退赃退赔，减少损害结果发生的，可以从轻或者减轻处罚。"

非法吸收公众存款罪的认定主要包含以下几个方面：

（一）非法吸收公众存款罪侵犯的客体是国家的金融管理制度

《商业银行法》第3条规定的商业银行所有各项业务中的第1项，就是

“吸收公众存款”。但即便商业银行具有吸收公众存款的资质，对于吸收资金的利率等，仍须由国家有关部门作出规定进行限制，可见为了维护金融秩序的稳定，保障光大储户的资金安全，相关法律规定对于吸收公众资金的主体、规模、利息、程序等均作了严格的规定和限制。《商业银行法》第 81 条第 1 款规定，未经国务院银行业监督管理机构批准，非法吸收公众存款、变相吸收公众存款，构成犯罪的，依法追究刑事责任。不可否认，由于银行对于发放贷款的严格审查，部分资金规模小或信用等级不高的单位、个人有用款需求时，在通过正当合法的途径无法贷款的情况下，愿意支付高于国家银行同期同种利率的利息融资，此时便出现一些不具有吸收公众存款的单位和个人一方面以各种方式面向社会非法吸收公众存款，另一方面以高额利息将存款放贷或投资，严重扰乱金融秩序。该种行为破坏了国家对经济的宏观调控，亦因为吸收资金的利率过高，资金链极易断裂，造成投资人的资金损失，因此对该种行为必须予以惩处。

（二）非法吸收公众存款罪的客观方面，表现为非法向社会公开吸收公众存款或者变相吸收公众存款的行为

非法吸收公众存款是指模仿银行吸收存款的做法，以确定的存款期限、利率，面向社会公众吸收存款。变相吸收公众存款是指行为人为避免以存款的方式吸收公众资金引起的责任，在未经中国人民银行或者国务院批准，不具有吸收公众存款资质的情况下，擅自开办所谓的基金或者基金会，再以此名义吸收公众存款以开展所谓的活动。还有的以吸收投资，扩大企业再生产为名，向投资人许诺高出银行利率很多的股息，以此吸收公众存款。[①]

为了进一步明确非法吸收公众存款的各种方式，有效打击犯罪，2010 年 12 月 13 日最高人民法院发布了《关于审理非法集资刑事案件具体应用法律若干问题的解释》，该解释第 1 条规定认定“非法吸收公众存款或者变相吸收公众存款”，需要同时具备四个条件：（1）未经有关部门依法批准或者借

---

① 周道鸾、张军主编：《刑法罪名精释》，人民法院出版社 2003 年版，第 318 页。

用合法经营的形式吸收资金；（2）通过媒体、推介会、传单、手机短信等途径向社会公开宣传；（3）承诺在一定期限内以货币、实物、股权等方式还本付息或者给付回报；（4）向社会公众即社会不特定对象吸收资金。未向社会公开宣传，在亲友或者单位内部针对特定对象吸收资金的，不属于非法吸收或者变相吸收公众存款。

该司法解释第2条列举了11种非法吸收公众存款或者变相吸收公众存款的情况：（1）不具有房产销售的真实内容或者不以房产销售为主要目的，以返本付息、售后包租、约定回购、销售房产份额等方式非法吸收资金的；（2）以转让林权并代为管护等方式非法吸收资金的；（3）以代种植（养殖）、租种植（养殖）、联合种植（养殖）等方式非法吸收资金的；（4）不具有销售商品、提供服务的真实内容或者不以销售商品、提供服务为主要目的，以商品回购、寄存代售等方式非法吸收资金的；（5）不具有发行股票、债券的真实内容，以虚假转让股权、发售虚构债券等方式非法吸收资金的；（6）不具有募集资金的真实内容，以假借境外基金、发售虚构基金等方式非法吸收资金的；（7）不具有销售保险的真实内容，以假冒保险公司、伪造保险单据等方式非法吸收资金的；（8）以投资入股的方式非法吸收资金的；（9）以委托理财的方式非法吸收资金的；（10）利用民间“会”“社”等组织非法吸收资金的；（11）其他非法吸收资金的行为。

本案中，罗某、陈某在不具备吸收公众存款资质的情况下，雇用业务员，通过网站宣传、随机拨打电话、分发传单等方式，向社会公众公开宣传并发售所谓的理财产品，向投资人承诺在约定的期限内还本付息，二人的行为侵犯了我国的金融管理制度，扰乱了金融管理秩序，构成非法吸收公众存款罪，应当受到刑罚处罚。

（三）非法吸收公众存款罪的主体包括自然人和单位

非法吸收公众存款犯罪可以由自然人实施，亦可以由单位实施。《最高人民法院、最高人民检察院、公安部关于办理非法集资刑事案件若干问题的意见》第2条规定，单位实施非法集资犯罪活动，全部或者大部分违法所得归单位所有的，应当认定为单位犯罪。个人为进行非法集资诈骗活动而设立的单位实施犯罪的，或者单位设立后，以实施非法集资犯罪活动为主要活动的，不以单位犯罪论处，对单位中组织、策划、实施非法集资犯罪活动的人员应当以自然人犯罪依法追究刑事责任。判断单位是否以实施非法集资诈骗活动为主要活动，应当根据单位实施非法集资的次数、频度、持续时间、资金规模、资金流向、投入人力物力情况、单位进行正当经营的状况以及犯罪活动的影响、后果等因素综合考虑认定。

本案中，罗某为了吸收资金而设立财富公司，公司成立后除了吸收资金的非法活动外没有任何合法经营业务，因此即便罗某以公司名义与客户签订投资理财协议，仍应当认定为个人犯罪。

（四）非法吸收公众存款罪的主观方面为直接故意

行为人实施非法吸收资金的行为必然是其主观上具有明知，即明知自己并不具有吸收公众资金的资质，却仍以牟利为目的，向社会公众公开吸收资金。但是，行为人吸收资金是否实际获利并不会影响本罪的成立，因为行为人在吸收资金行为完成的同时，对我国金融管理秩序的侵害已经实际造成，行为人之后能否实际获利并不会影响对上述危害结果已经造成的认定。因此本案中，陈某对于其并未实际获利的辩解并不会影响对其非法吸收公众存款行为的认定。

知识拓展

（一）立法沿革

非法吸收公众存款罪是从全国人大常委会《关于惩治破坏金融秩序犯罪的决定》第 7 条的规定吸收改为 1997 年《刑法》的具体规定，1979 年《刑法》没有规定本罪。1997 年《刑法》第 176 条规定，非法吸收公众存款或者变相吸收公众存款，扰乱金融秩序的，处三年以下有期徒刑或者拘役，并处或者单处2万元以上20万元以下罚金；数额巨大或者有其他严重情节的，处三年以上十年以下有期徒刑，并处5万元以上50万元以下罚金。单位犯前款罪的，对单位判处罚金，并对其直接负责的主管人员和其他直接责任人员，依照前款的规定处罚。

2020年12月26日第十三届全国人民代表大会常务委员会第二十四次会议通过、2021年3月1日起施行的《刑法修正案（十一）》：将《刑法》第176条修改为："非法吸收公众存款或者变相吸收公众存款，扰乱金融秩序的，处三年以下有期徒刑或者拘役，并处或者单处罚金；数额巨大或者有其他严重情节的，处三年以上十年以下有期徒刑，并处罚金；数额特别巨大或者有其他特别严重情节的，处十年以上有期徒刑，并处罚金。单位犯前款罪的，对单位判处罚金，并对其直接负责的主管人员和其他直接责任人员，依照前款的规定处罚。有前两款行为，在提起公诉前积极退赃退赔，减少损害结果发生的，可以从轻或者减轻处罚。"

这次修改最突出之处，一是增加一档法定刑，即十年以上有期徒刑，从而加大了对本罪的处罚力度；二是增加退赃退赔从宽条款，即"在提起公诉前积极退赃退赔，减少损害结果发生的，可以从轻或者减轻处罚"。

（二）向亲友或者单位内部人员吸收资金是否计入犯罪数额？

非法吸收公众存款的案件中，常出现业务员亲友或本人亦投资的情况，针对该种情况，《最高人民法院、最高人民检察院、公安部关于办理非法集资刑事案件若干问题的意见》第5条明确规定：非法吸收或者变相吸收公众存款构成犯罪，具有下列情形之一的，向亲友或者单位内部人员吸收的资金应当与向不特定对象吸收的资金一并计入犯罪数额：（1）在向亲友或者单位内部人员吸收资金的过程中，明知亲友或者单位内部人员向不特定对象吸收资金而予以放任的；（2）以吸收资金为目的，将社会人员吸收为单位内部人员，并向其吸收资金的；（3）向社会公开宣传，同时向不特定对象、亲友或者单位内部人员吸收资金的。

根据上述规定，可以推出以下认定标准：（1）实施了向社会不特定对象吸收资金的，不论其中是否包括向亲友及单位内部人员吸收资金的情形，所吸资金都一并计入犯罪数额。（2）未向社会不特定对象吸收资金，仅向亲友或单位内部人员吸收资金的，所吸收资金一般不计入犯罪数额，但如果明知亲友或者单位内部人员向不特定对象吸收资金而予以放任，或者为了吸收资金，招揽人员成为单位内部人员的，应当计入犯罪数额。

（三）案发前已归还的本金是否计入犯罪数额？

《最高人民法院关于审理非法集资刑事案件具体应用法律若干问题的解释》第3条第3款规定，非法吸收或者变相吸收公众存款的数额，以行为人所吸收的资金全额计算。案发前后已归还的数额，可以作为量刑情节酌情考虑。《最高人民法院、最高人民检察院、公安部关于办理非法集资刑事案件若干问题的意见》亦规定，非法吸收或者变相吸收公众存款的，以行为人所吸收的资金全额计算。自2021年3月1日起施行的《刑法修正案（十一）》更是对该原则进行了明确，对《刑法》第176条增设了第3款规定："有前两款行为，在提起公诉前积极退赃退赔，减少损害结果发生的，可以从轻或者减轻处罚。"

根据上述法律法规的沿革，我们可以发现，案发前行为人已经归还的资金数额，仅作为量刑情节考虑，不能从犯罪数额中予以扣除之认定原则从司法解释正式纳入刑法典，成为认定非法吸收公众存款罪犯罪数额的法定标准。该标准与认定诈骗类犯罪数额的标准有着明显区别，原因便在于二者侵犯的犯罪客体不同，非法吸收公众存款犯罪侵犯的客体系国家金融管理秩序，只要行为人实施了向不特定公众吸纳资金的行为，便已经产生了危害性，对国家的金融管理秩序造成了侵害，在行为人获取投资人的资金时，犯罪行为已经完成，侵害亦已经造成。而诈骗类犯罪侵害的则是公私财物所有权，只有行为人客观上造成了被害人财产的实际损失，犯罪行为才既遂。基于非法吸收公众存款罪特殊的社会危害性，在认定犯罪数额时不以投资人的损失为标准，亦不以行为人的获利为标准，而是以行为人实际吸收资金的数额计算。

（四）案发前已支付的利息是否计入犯罪数额？

案发前已支付的利息，按照时间进行区分，可以分为两种情况：其一，投资人支付本金的时候直接将利息扣除；其二，投资人先支付全额本金，到期后再收取利息。

针对第一种情况，司法实践的观点基本统一，应当按照投资人实际支付的资金数额计算犯罪数额，即已经预先扣除的利息不应计入犯罪数额。首先，如前所述，非法吸收公众存款罪侵害的客体是国家金融管理秩序，具体表现为通过非法方式吸收公众资金，因此犯罪程度的深浅与实际吸收公众资金的数额具有直接关系。行为人采取提前支付利息的方式，系为了骗取投资人信任、吸收更多投资而采取的犯罪方式，但实际决定其犯罪程度深浅的因素应当是其实际吸收和控制资金的数额。在该种情况下，行为人并未实际控制所谓预先扣除的利息，该部分钱款亦未对金融管理秩序造成实际侵害，因此不计入犯罪数额乃是应有之义。

针对第二种情况，我们认为，应当按照全额本金计算犯罪数额，行为人待投资到期后支付的利息不应从犯罪数额中扣除。该种情况实际上与行为人案发前归还本金的情形相似，均是在案发前归还投资人部分金额，该部分金额无论是作为利息支付，还是作为本金归还，均不应当从犯罪数额中扣除。

（五）续借行为的数额认定

续借行为，按照本金收回方式的不同，可以分为两种情况：第一种情况是在借款期限到期后，行为人支付了约定的利息，但本金未实际支付，而是通过签订新合同的方式继续使用；第二种情况是借款期限到期后，行为人按照约定实际支付了利息，偿还了本金，投资人拿到本金和收益后，重新与行为人签订合同，再次投资。

针对第一种情况，我们认为，行为人与投资人虽前后签订了两次投资合同，但投资人的投资行为实际仅有一次，对金融管理秩序的侵害亦只有一次，因此，在该种情况下，犯罪数额应当仅计为实际投资的一次数额，不应当重复计算。针对第二种情况，我们认为，从表面看，第一种情况和第二种情况没有什么大的区别，但在第二种情况下，投资人实际已经完成一次投资，本金和利息发生实际转移占有后，整个犯罪过程已经完成。在双方权利义务交割完毕，投资人的本金及利息已经全部结清的情况下，行为人再次与投资人签订合同，投资人再次将其实际控制的钱款进行投资，此时的“续借”行为已经演变为一种新的再次存款行为，作为一个新的行为独立存在，其数额当然应当再次计入犯罪数额中。

综上，当上一次的本金利息已经结清，再次投资行为应当作为一个新的犯罪行为来予以认定，投资数额当然应当计入犯罪数额。如果本金利息尚未结清，或名义上结清，但本金仍在行为人的控制之下，并未发生实际的转移占有，双方就约定将本金再次作为投资投入，此种情况下，再次投资的本金不应计入犯罪数额。

普法提示

四十余年的改革开放不仅使人民群众的生活水平飞速提升，也使得民间财富与民间资本空前充裕。充裕的民间资本为民间融资提供了肥沃的土壤，众多中小企业迫切的融资需求也进一步促进了民间融资的发展。随着民间融资的活跃，为了防范可能随之而来的金融风险，国家三令五申，出台各项法律法规，规范金融管理体制，严厉打击非法吸收公众资金的行为。但是近些年来，非法吸收公众存款案件还是屡屡发生，总结下来，近几年发生的各类非法吸收公众存款案件具有以下几个特点：

其一，受害人数多，涉及地域广。最近发生的非法吸收公众存款案件受害人涉及全国各个地方，涉及社会各个阶层，主要原因在于随着科学技术的飞速发展，非法集资行为可以通过多种渠道进行宣传，不再局限于当地小范围内，而是有了全国性、广泛性的蔓延趋势。其二，涉案金额巨大，群众财产损失严重。非法吸收公众存款的案件犯罪数额一般都很大，几千万元、上亿元的案件屡见不鲜。而且案件发生后，投资款大多无法追回，给投资人造成了巨大的经济损失。其三，犯罪隐蔽性强，一般较难被发现。此类犯罪往往会采取合法形式成立公司，以公司名义对外吸收资金，有些行为人甚至采取在电视台、报纸等媒体上宣传，找明星代言，让投资人相信投资项目的合法性和安全性进而投资。在返息时，为了避免投资人及时发现，行为人也大多会采取拆东墙补西墙的方式，将新吸收来的资金不是用于投资，而是用于给老投资人及时返息，进一步骗取投资人的信任。很多投资人都是在公司资金难以维系，面临崩盘，人去楼空时才恍然大悟，只不过为时已晚。

因此，广大投资者在作出投资决策时，应当审慎选择具备相关金融资本融资资质的正规公司，不要被高额回报和保本保息的承诺蒙蔽双眼，贪一时之利，最终给自己、给家庭造成巨大的经济损失。

案例六

内幕交易、泄露内幕信息的罪与罚

严鹏[①]

案情回顾

被告单位甲公司于2013年6月20日成立，注册资本1000万元，经营范围包括项目投资、资产管理等。被告人李某一系甲公司实际控制人。乙公司系上海证券交易所上市公司，被告人程某天系乙公司董事会秘书。2014年下半年，因预期经营业绩大幅下跌，乙公司的控股股东丙集团拟将旗下部分资产和业务注入乙公司，通过资产重组方式扭转乙公司的亏损局面，并于2014年8月形成了初步资产重组方案。程某天的邮箱于2014年8月12日收到该报告。重组事宜由程某天负责与乙公司的实际控制人丁公司沟通，后因丁公司改革与资产管理部更换领导，重组工作暂时搁置。

2015年4月7日，被告人程某天接丁公司电话通知到北京向丁公司汇报乙公司基本经营情况和资本运营情况，程某天随即向丙集团权益部索要了上述重组报告。4月9日上午，程某天在丁公司改革与资产管理部与工作人员探讨研究了乙公司重组可能性等相关事宜，对方告知程某天乙公司是丁公司推进资产重组的重点公司之一。4月10日下午，乙公司股票涨停，经程某天提议，丙集团和丁公司同意，乙公司向上海证券交易所申请停牌。被告人程某天在2014年8月至2015年4月10日期间，多次与被告人李某一接触，将乙公司即将进行资产重组的内幕信息泄露给李某一。2015年4月10日上午，程某天来到甲公司的实际营业地，随后李某一安排其公司员工集中买入乙公司股票，乙公司当日股价大幅上涨。后李某一安排员工将上述乙公司股票陆续卖出。经上海证券交易所计算，上述股票交易违法所得共计3000余

① 北京市第二中级人民法院刑二庭法官助理。

万元。

2016年9月30日，中国证券监督管理委员会认定，乙公司2015年4月25日发布重大资产重组的停牌公告所涉重大资产重组事项属于内幕信息，内幕信息敏感期为2014年8月12日至2015年4月25日，被告人程某天为内幕信息知情人。2017年1月5日，被告人李某一被公安民警抓获归案。同日，被告人程某天经公安民警电话通知，于次日到案。被告人李某一到案后如实供述了自己的犯罪事实。被告单位甲公司退缴了全部违法所得。

在本案中，我们可以看到被告单位甲公司公司及其实际控制人被告人李某一非法获取了乙公司重组的内幕信息，在该内幕信息尚未公开前，买入乙公司股票后获利3000余万元，情节特别严重，其行为已构成内幕交易罪；被告人程某天作为乙公司资产重组内幕信息知情人，在内幕信息尚未公开前，泄露该信息，情节特别严重，其行为已构成泄露内幕信息罪，上述单位和个人的行为均已触犯刑法。法院最后判决：一、被告单位甲公司犯内幕交易罪，判处罚金人民币5000万元（已缴纳2800万元）；二、被告人李某一犯内幕交易罪，判处有期徒刑三年，缓刑四年；三、被告人程某天犯泄露内幕信息罪，判处有期徒刑五年六个月，并处罚金人民币3650万元；四、对扣押物品以及被告单位甲公司退缴的违法所得3000万元予以没收，上缴国库。

法理分析

《刑法》第180条第1款规定的内幕交易、泄露内幕信息罪指的是证券、期货交易内幕信息的知情人员或者非法获取证券期货交易内幕信息的人员，在涉及证券的发行、证券、期货交易或者其他对证券、期货交易的价格有重大影响的信息尚未公开前，买入或者卖出该证券，或者从事与该内幕信息有关的期货交易，或者泄露该信息，或者明示、暗示他人从事上述交易活动，情节严重的行为。

根据我国刑法理论，犯罪构成要件主要从犯罪主体、犯罪的主观方面、犯罪客体、犯罪的客观方面四个方面分析。因此，内幕交易、泄露内幕信息罪的认定主要包含以下几个方面。

（一）犯罪主体

内幕交易、泄露内幕信息罪的主体应为特定主体，即证券期货交易内幕信息的知情人员或者非法获取证券期货交易内幕信息的人员。具体到本案，程某天作为乙公司董事会秘书，主要负责与丁公司沟通乙公司的重组事宜，直接接触到乙公司的资产重组方案，属于内幕信息的知情人；甲公司及其实际控制人李某一通过程某天非法获取了该内幕信息，属于非法获取内幕信息的人员，亦符合本罪的主体要件。

（二）犯罪的主观方面

内幕交易、泄露内幕信息罪的主观方面体现为行为人明知自己或者他人的行为会对证券期货市场的管理秩序造成损害，侵犯到其他投资人的合法权益，却希望或者放任这种危害结果的发生。具体到本案，程某天将乙公司即将进行资产重组这一内幕信息泄露给李某一，随后李某一安排公司员工集中买入乙公司股票。二人明知自己的行为将侵犯到其他投资者平等获取信息的合法权益，危害正常的证券市场秩序，故意实施上述行为，从而抢占股市先机，攫取巨额非法利益，其在主观上表现为明知危害结果必然发生的直接故意。

（三）犯罪客体

如上所述，内幕交易、泄露内幕信息罪侵犯的客体为证券期货市场的正常管理秩序和投资人合法权益。一方面，本罪侵害了证券期货市场的正常管理秩序。证券期货市场有序、健康、稳定的发展建立在“公平、公正、公开”的原则之上，并以此来维护投资者的合法权益。证券期货市场的健康有序发展需要既公正又高效的管理秩序作为保障。同时，证券期货市场监管的核心在于公平、公正、公开运营制度和信息披露制度，内幕交易、泄露内幕信息的行为既损害了证券期货市场的公平交易原则，也破坏了证券期货市场的监管制度。另一方面，本罪还侵犯了其他投资人的合法权益。对于投资人的合法权益可以一分为二进行理解，即权利和利益。证券期货交易活动的当事人理应具有平等的法律地位，所有投资者都享有合法获得相关信息的知情权以及进行公平交易的权利。同时，证券交易在本质上是一种零和交易，一方的收益必然导致另一方的损失，内幕交易行为实际上是在掌握关键情报信息的前提下，通过其他投资人的损失而获益。因此，本罪极大地损害了处于信息不对等的其他投资人的合法权益。

（四）犯罪的客观方面

内幕交易、泄露内幕信息罪在客观方面表现为在涉及证券的发行、证券、期货交易或者其他对证券、期货交易的价格有重大影响的信息尚未公开前，买入或者卖出该证券，或者从事与该内幕信息有关的期货交易，或者泄露该信息，或者明示、暗示他人从事上述交易活动，情节严重的行为。具体来说，主要有以下几个方面：

1. 时间特征。内幕信息具有秘密性特征，是指内幕信息具有一定的保密期限，或称为“内幕信息敏感期”。[①] 根据《最高人民法院、最高人民检察院关于办理内幕交易、泄露内幕信息刑事案件具体应用法律若干问题的解释》（以下简称《内幕交易解释》）第5条规定，《证券法》第67条第2款所列“重大事件”的发生时间，第75条规定的“计划”“方案”以及《期货交易管理条例》第85条第11项规定的“政策”“决定”等的形成时间，应当认定为内幕信息的形成之时。影响内幕信息形成的动议、筹划、决策或者执行人员，其动议、筹划、决策或者执行初始时间，应当认定为内幕信息的形成之时。具体到本案，丙集团作为乙公司的控股股东，于2014年8月形成了关于乙公司初步资产重组的方案，被告人程某天于8月12日收到关于乙公司重组的报告，乙公司于2015年4月25日发布重大资产重组的停牌公告。据此，本案内幕信息敏感期应为2014年8月12日至2015年4月25日，程某天在以上内幕信息敏感期内

① 宋伟：《证券刑事案件中内幕信息认定研究》，载《金融服务法评》2013年第5期。

获取了内幕信息，符合本罪的时间性特征。

2. 行为特征。本罪主要有三种行为表现方式：（1）行为人利用其自身优势，根据其掌握的内幕信息，直接参与证券期货买卖的行为，这是最传统也是最常见的一种表现方式；（2）行为人向他人泄露内幕信息，值得注意的是，不论内幕信息在流转的过程中经过多少环节，信息的接收方式是直接还是间接，泄露信息的行为都应当认定为泄露内幕信息；（3）内幕信息知情人明示或暗示他人从事证券期货交易，《证券法》将此类行为描述为建议行为，明示和暗示的区别在于行为人是明确建议还是委婉建议他人从事证券期货交易。

3. 须达到情节严重的标准。《刑法》将情节严重作为本罪的入罪标准，故犯罪行为必须符合情节严重标准的才能构成犯罪。《内幕交易解释》从犯罪数额和交易次数两方面对这一标准进行规定：（1）证券交易成交额在 50 万元以上的；（2）期货交易占用保证金数额在 30 万元以上的；（3）获利或者避免损失数额在 15 万元以上的；（4）三次以上的；（5）具有其他严重情节的。

知识拓展

随着我国金融行业的迅速发展，证券期货交易活动日渐活跃，一些针对证券期货市场的投机活动也越来越频繁和猖獗。在司法实践中，内幕交易、泄露内幕信息罪是案发率较高的罪名之一。1990 年 10 月，由中国人民银行发布的《证券公司管理暂行办法》首次明确规定禁止内幕交易行为。1997 年 10 月 1 日施行的《刑法》首次将内幕交易、泄露内幕信息行为纳入刑法规制的范畴，并明确了定罪量刑的标准。2009 年 2 月 28 日颁布的《刑法修正案（七）》对该罪的认定进一步完善，加大了惩处的力度，为有效打击该类犯罪提供了强大的法律保障。

（一）内幕信息的认定

内幕信息范围的认定，是内幕交易、泄露内幕信息罪犯罪构成的重要内容。关于内幕信息的范围，《刑法》第180条第3款规定，内幕信息、知情人员的范围，依照法律、行政法规的规定确定。《证券法》第52条规定，证券交易活动中，涉及发行人的经营、财务或者对该发行人证券的市场价格有重大影响的尚未公开的信息，为内幕信息；该法第80条第2款、第81条第2款所列重大事件属于内幕信息。根据其定义，内幕信息的认定应满足重大性和未公开性这两个重要特征。

1. 内幕信息的重大性特征

证券市场上内幕信息的“重大性”，又称为内幕信息的“价格敏感性”“实质性”，是指相关信息对特定发行人的证券交易价格产生重要影响。[①]根据《证券法》第80条第2款的规定，“重大事件”包括：（1）公司的经营方针和经营范围的重大变化；（2）公司的重大投资行为，公司在一年内购买、出售重大资产超过公司资产总额的30%，或者公司营业用主要资产的抵押、质押、出售或者报废一次超过该资产的30%；（3）公司订立重要合同、提供重大担保或者从事关联交易，可能对公司的资产、负债、权益和经营成果产生重要影响；（4）公司发生重大债务和未能清偿到期重大债务的违约情况；（5）公司发生重大亏损或者重大损失；（6）公司生产经营的外部条件发生的重大变化；（7）公司的董事、三分之一以上监事或者经理发生变动，董事长或者经理无法履行职责；（8）持有公司5%以上股份的股东或者实际控制人持有股份或者控制公司的情况发生较大变化，公司的实际控制人及其控制的其他企业从事与公司相同或者相似业务的情况发生较大变化；（9）公司分配股利、增资的计划，公司股权结构的重要变化，公司减资、合并、分立、解散及申请破产的决定，或者依法进入破产程序、被责令关闭；（10）涉及公司的重大诉讼、仲裁，股东大会、董事会决议被依法撤销或者宣告无效；（11）公司涉嫌犯罪被依法立案调查，公司的控股股东、实际控制人、董事、监事、高级管理人员涉嫌犯罪被依法采取强制措施；（12）国务院证券监督管理机构规定的其他事项。

此外，根据《证券法》第81条第2款的规定，“重大事件”还包括：

---

① 肖伟：《内幕信息确定性考量模式之选择》，载《环球法律评论》2012年第5期。

（1）公司债券信用评级发生变化；（2）公司发生未能清偿到期债务的情况；（3）公司新增借款或者对外提供担保超过上年末净资产的 20%；（4）公司放弃债权或者财产超过上年末净资产的 10%；（5）公司发生超过上年末净资产 10% 的重大损失等。

2. 内幕信息的未公开性特征

从字面意义上理解，"内幕"意味着该类信息已经形成，但尚未被公众所知悉。《证券法》规定信息披露义务人披露的信息应当同时向所有投资者披露，不得提前向任何单位和个人泄露。而判断内幕信息是否公开的标准，《内幕交易解释》第 5 条第 4 款已作出明确规定，内幕信息的公开，是指内幕信息在国务院证券、期货监督管理机构指定的报刊、网站等媒体披露。在内幕信息公开披露前，内幕信息知情人已知悉相关信息，自然能够比其他投资者作出更加明智、合理的投资决策。因此，非公开性是认定内幕信息的另一大重要特征，是区别内幕信息与一般信息的重要标准。

（二）内幕交易、泄露内幕信息罪相关人员的认定

禁止内幕交易、泄露内幕信息行为的立法宗旨在于禁止任何人借用其特殊身份的便利，通过某些非法渠道获取内幕信息，从而使自己获益或者将自身的经济损失转嫁给他人。因而，认定行为人的身份是判断其是否构成本罪的先决条件。

1. 内幕信息知情人

《证券法》第 51 条规定，证券交易内幕信息的知情人包括：（1）发行人及其董事、监事、高级管理人员；（2）持有公司 5% 以上股份的股东及其董事、监事、高级管理人员，公司的实际控制人及其董事、监事、高级管理人员；（3）发行人控股或者实际控制的公司及其董事、监事、高级管理人员；（4）由于所任公司职务或者因与公司业务往来可以获取公司有关内幕信息的人员；（5）上市公司收购人或者重大资产交易方及其控股股东、实际控制人、董事、监事和高级管理人员；（6）因职务、工作可以获取内幕信息的证券交易场所、证券公司、证券登记结算机构、证券服务机构的有关人员；（7）因

职责、工作可以获取内幕信息的证券监督管理机构工作人员；（8）因法定职责对证券的发行、交易或者对上市公司及其收购、重大资产交易进行管理可以获取内幕信息的有关主管部门、监管机构的工作人员；（9）国务院证券监督管理机构规定的可以获取内幕信息的其他人员。

2. 非法获取内幕信息的人

《内幕交易解释》第2条规定，具有下列行为的人员应当认定为《刑法》第180条第1款规定的“非法获取证券、期货交易内幕信息的人员”：（1）利用窃取、骗取、套取、窃听、利诱、刺探或者私下交易等手段获取内幕信息的；（2）内幕信息知情人员的近亲属或者其他与内幕信息知情人员关系密切的人员，在内幕信息敏感期内，从事或者明示、暗示他人从事，或者泄露内幕信息导致他人从事与该内幕信息有关的证券、期货交易，相关交易行为明显异常，且无正当理由或者正当信息来源的；（3）在内幕信息敏感期内，与内幕信息知情人员联络、接触，从事或者明示、暗示他人从事，或者泄露内幕信息导致他人从事与该内幕信息有关的证券、期货交易，相关交易行为明显异常，且无正当理由或者正当信息来源的。

普法提示

近年来，金融领域违法犯罪呈现高发态势，作为传统金融犯罪类型之一的内幕交易、泄露内幕信息犯罪正在严重侵蚀和破坏资本市场公平、公正、公开的基本原则，损害广大投资者的合法权益，该罪一直被列为监管机关和司法机关的重点打击对象。但一些上市公司内部人员，在巨额的经济利益诱惑面前仍旧利欲熏心、心存侥幸、铤而走险，最终走上违法犯罪的道路。不管是企业还是个人，都应从典型案例中吸取经验教训，增强责任意识和防范意识，预防此类犯罪的发生，共同维护好资本市场的正常秩序。

（一）企业应加强内部控制和管理，降低内幕信息泄露的风险

首先要加强企业内部普法宣传教育和职业道德教育，一方面应定期组织

员工学习相关法律法规和监管政策，增强员工自身的法律责任意识和保密意识，让员工知法、敬法、守法；另一方面应加强对员工职业道德的教育培训工作，提升员工的职业素养，例如通过组织典型案例警示教育活动的方式，让员工从思想上重视内幕交易带来的危害。其次要完善内幕信息管理制度，一是完善信息披露制度，提高信息公开的透明度，弱化内幕信息的作用，从而降低内幕交易的可期待利益；二是完善内幕信息知情人登记制度，企业内部应如实记录可能导致内幕信息泄露各个环节中所有知情人名单，以及知悉内幕信息的时间及内容，并对内幕信息知情人实行动态监控；三是完善内幕信息保密制度，企业可以通过签订保密协议或者禁止内幕交易告知函的方式将内幕信息的保密义务和违规责任通知到有关人员。

（二）个人应恪守法律和道德底线，自觉抵制不法利益的侵蚀

首先要增强法制观念，提升职业操守。一方面要加强相关法律法规的学习，明确法律的边界和底线，因为任何藐视法律制度、逾越法治底线、践踏法治尊严的行为，都必将受到法律的严惩；另一方面要提高守法合规的意识，对法律保持敬畏之心，杜绝侥幸心理，严格按照法律的要求规范自身的行为，时刻牢记莫伸手，伸手必被抓的道理。其次要严于律己，增强保密意识，防止内幕信息外泄。一方面要谨慎对待自己手中的权力，不能将权力变为谋取私利、违法犯罪的工具，在面对外界诱惑时，应时刻保持清醒和警觉，过好亲情关、乡情关和友情关；另一方面要秉承诚实守信的职业操守，提升自我约束能力，诚信不仅是资本市场必须遵循的基本原则，更是从业者安身立命之本，从业者应当恪守有关内幕信息和内幕交易的禁止性规定，做到不泄露、不传播、不利用。

案例七

违法运用资金被追究刑事责任

王钰楠[①]

案情回顾

这是一起因特定类型企业违法运用资金而追究相关人员刑事责任的案件。

一审公诉机关指控：新野公司是经原中国保险监督管理委员会批准注册成立的一家保险公司。2011 年 12 月至 2013 年 11 月，被告人陈某在担任新野公司董事长期间，伙同被告人王某，以购买灾备系统、支付投资预付款等名义，多次将新野公司的资金非法拆借给润润公司等企业使用，拆借资金共计人民币 5.24 亿元。其中，资本金账户支出共计人民币 1.74 亿元，保险产品资金专用账户支出共计人民币 3.5 亿元。被告人胡某于 2011 年 12 月至 2013 年 8 月间，作为经办人参与非法拆借资金共计人民币 2.54 亿元。

被告人陈某辩称：涉案款项支出的性质系投资行为。被告人陈某的辩护人提出辩护意见如下：（1）新野公司与润润公司间签有投资顾问协议，二者间的资金往来不是借款关系；（2）国务院相关文件鼓励创新保险资金的运用方式，保险公司出借资金的行为没有违反国家法律、法规；（3）本案涉及事项已由原中国保险监督管理委员会进行了处罚，而并未移交司法机关，无需适用《刑法》再予以处理；（4）被告人陈某对新野公司与相关企业签订借款协议的事情不知情，亦不应承担责任；（5）本案涉及的 5.24 亿元资金并未出现任何损失；请求对被告人陈某宣告无罪。

被告人王某辩称：自己作为公司的副总经理及财务负责人，是按照董事长陈某的工作安排履行职务，在公司资金运作的问题上，自己不是主要责

① 北京市第二中级人民法院法官助理。

任人。被告人王某的辩护人提出辩护意见如下：（1）在涉案资金的支出用途上，公诉机关不能排除“项目投资”的可能；（2）借款事实可产生债权关系，保险公司将资金用于债权投资亦属国务院文件规定的合法、合理运用资金行为；（3）对于同类事件，均是由原中国保险监督管理委员会作出行政处罚，执法尺度应予统一；（4）被告人王某不是涉案保险公司的负责人，其只是接受公司负责人陈某的指派从事程序性工作，其本人并无违法运用资金的主观故意，与陈某亦未形成合意共谋；（5）本案涉及的 5.24 亿元资金未产生损失；（6）在原中国保险监督管理委员会已处理的同类违规事件中，本案涉及的金额明显较少，亦不属情节严重。

被告人胡某辩称：自己在公司内只履行岗位职责，不清楚且亦未参与资金拆借一事，没有违法运用资金的主观故意，亦无重大过失。被告人胡某的辩护人提出辩护意见如下：（1）被告人胡某在新野公司不是管理决策人员，其对资金用途不知情，且与陈某、王某并无合谋；（2）被告人胡某对违法运用资金的事实亦无放任的间接故意；（3）被告人胡某在本案中所起作用较小。

一审法院经审理查明：新野公司于 2011 年 12 月至 2013 年 11 月间，经时任董事长的被告人陈某决定及时任副总经理兼财务负责人的被告人王某审核后，以购买灾备系统、支付投资预付款等名目，多次将公司资本金账户及保险产品资金专用账户内的资金出借给相关企业使用，出借款项共计人民币 5.24 亿元。截至 2013 年 11 月 28 日，新野公司已将上述全部资金及相应利息予以回收；其间，被告人胡某作为新野公司资产管理中心固定收益部负责人，在被告人王某的授意下，于 2011 年 12 月至 2013 年 8 月间，以“购买灾备系统”“支付投资预付款”等名目多次发起付款申请，涉及资金共计人民币 2.54 亿元。

基于此，一审法院判决认定：一、被告人陈某犯违法运用资金罪，免予刑事处罚。二、被告人王某犯违法运用资金罪，免予刑事处罚。三、被告人胡某犯违法运用资金罪，免予刑事处罚。

宣判后，原公诉机关提出抗诉；原审被告人陈某、王某、胡某不服，提出上诉。原审被告人陈某上诉提出，涉案款项支出的性质系投资行为，不应定性为违法运用资金罪。其辩护人的辩护意见是:(1)法律、法规对本案所涉运用资金行为并无禁止性规定，且陈某运用资金的行为符合《保险法》规定的“稳健、安全”的资金运用原则，不构成违法运用资金罪。(2)与本案性质相近甚至更加严重并被保监会作出行政处罚的案件较多，如果对陈某等人定罪处罚，则其他被行政处罚案件也将面临刑事追诉，将对整个保险行业产生极大影响。

原审被告人王某上诉提出，其是按照董事长陈某的工作安排履行职务，自己不是主要责任人。其辩护人除同意王某的上诉理由外，还提出涉案5.24亿元资金运用的性质属于投资行为，没有对保险资金的安全性造成实际侵害，且保监会曾对多个类似案件只进行了行政处罚，没有向司法机关移送，故本案不应作为犯罪处理。

原审被告人胡某上诉提出，其在公司按照领导的安排进行工作，对于资金的运用过程及用途不知情，没有违法运用资金的主观故意。其辩护人的辩护意见是:胡某无法决定资金的运用与流向，不是直接负责的主管人员或者直接责任人员，建议法庭宣告胡某无罪。

一审公诉机关的抗诉意见是:(1)原审判决认定本案犯罪情节轻微错误。新野公司违法运用资金数额共计人民币5.24亿元，已超出追诉标准1700余倍，且先后多次违法进行资金拆借，应认定犯罪情节严重。(2)本案所涉5.24亿元保险资金均系在没有任何必要风控措施的情况下被拆借给相关企业，社会危害性大，应当依法严惩。(3)陈某、王某没有从轻、减轻处罚的量刑情节，也没有明显认罪、悔罪表现。综上，原审判决对陈某、王某免予刑事处罚，属适用法律错误，导致量刑畸轻。

二审检察员的出庭意见是:(1)本案属于犯罪情节特别严重。本案违法运用资金的犯罪行为持续近两年，违法运用资金10余次，涉案金额累计人民币5.24亿元，其行为严重破坏了国家的金融管理秩序，性质恶劣，社会危害严重，应当认定本案属于犯罪情节特别严重。(2)一审判决未依据3名被告人在共同犯罪中的实际作用，而对3名被告人判处同等刑罚，有违《刑法》第5条规定的罪刑相适应的原则。

二审法院经审理查明：新野公司是2010年3月注册成立的民营保险公司，联合公司是新野公司的发起人和股东之一。同时，联合公司也是上市公司中科公司的全资子公司。2011年12月至2013年11月间，经时任董事长的陈某决定及时任副总经理兼财务负责人的王某审核，新野公司以“购买灾备系统”“支付投资预付款”等名目，先后将13笔公司资本金账户、保险产品资金专用账户内的资金出借给润润公司使用，累计出借资金为5.24亿元。润润公司收到新野公司这些资金后，随即通过另一公司账户分别转入中科公司实际控制的多家公司账户。涉案资金的最终使用人为中科公司，用于该公司“续贷”“倒贷”的资金周转。2013年2月至2013年11月，新野公司先后回收款项9笔，金额累计为5.27亿余元。其间，胡某作为新野公司风控信评部负责人，在没有确认存在投资项目的情况下，经王某授意，于2011年12月至2013年8月间，以“购买灾备系统”“支付投资预付款”等名目多次发起付款申请，涉及资金共计2.54亿元。

最终，二审法院认定一审判决认定事实清楚，定性准确，但适用法律错误，导致对陈某、王某量刑畸轻，依法予以改判，判决：一、维持一审刑事判决书主文第三项。二、撤销一审刑事判决书主文第一项、第二项。三、上诉人陈某犯违法运用资金罪，判处有期徒刑一年六个月，并处罚金人民币15万元。四、上诉人王某犯违法运用资金罪，判处有期徒刑一年，缓刑一年，并处罚金人民币10万元。

可以看出，从一审到二审，控辩双方对于案件事实基本不存在争议，本案的争议焦点在于：（1）新野公司运用资金的行为是否违反了国家规定；（2）本案犯罪情节究竟是轻微、严重还是特别严重；（3）涉案事项的行政处罚与刑事追诉间的关系。

法理分析

相关企业、机构违法运用资金何以追究刑事责任？同一事实，缘何对犯罪情节的判断截然不同？可见把握好本罪的情节认定标准，是违法运用资金罪适用的重中之重。

（一）情节严重是违法运用资金罪的基本犯

《刑法》中所称“情节”，是指除客观损害结果外，影响行为社会危害程度的各种情况，如行为的方法、手段、时间、地点、行为人的动机、目的、一贯表现等。《刑法》对情节作了程度不等的各种表述，包括情节特别恶劣、情节恶劣、情节特别严重、情节严重、情节较轻、情节轻微和情节显著轻微七种。情节较轻（《刑法》第 111 条）一般是从轻处理的条件，即对已经构成犯罪的行为适用较低档次的法定刑；情节轻微（《刑法》第 37 条）是免予处罚的条件，即对已经构成犯罪的行为不予刑事处罚；情节显著轻微，则可能不认为是犯罪。情节轻微从表面上看，似乎仅比《刑法》第 13 条但书规定中的情节显著轻微高一个档次，但实际上两者有质的差别，属于截然不同的判断维度。情节轻微以行为已经构成犯罪为前提，属于“要不要判刑”的量刑节点，而情节显著轻微则可能属于非罪的事实情况范围，是区分罪与非罪的情节，属于“要不要入罪”的判断节点，二者并不矛盾，亦不冲突。对于违法运用资金罪的入罪情节，须达到违反国家规定运用资金且情节严重，即情节严重是本罪的基本犯。该条文表述已将情节显著轻微的情形排除在犯罪之外，即只要涉案行为符合上述规定的成立条件，就应当认定为犯罪，而不能以情节显著轻微、危害不大为由宣告无罪。

（二）陈某、王某的涉案行为系情节严重

《刑法》第 185 条之一第 2 款关于违法运用资金罪的法定刑援引第 185 条之一第 1 款背信运用受托财产罪的规定，有“情节严重”“情节特别严重”两种情形和两个量刑档次。“情节严重”是本罪的定罪条款兼具量刑条款。

根据《最高人民检察院、公安部关于公安机关管辖的刑事案件立案追诉标准的规定（二）》第 41 条，违法运用资金罪的追诉标准为：（1）违反国家规定运用资金数额在 30 万元以上的；（2）虽未达到上述数额标准，但多次违反国家规定运用资金的；（3）其他情节严重的情形。上述规定中，将犯罪

数额、次数作为独立的情节评价标准，即违反国家规定运用资金数额在 30 万元以上，或者虽未达到上述数额标准，但多次违反国家规定运用资金的，即达到情节严重的定罪标准。但对于情节特别严重的构成标准，法律及司法解释尚无明确规定。陕西省、河南省、天津市高级人民法院出台了关于违法运用资金罪情节特别严重标准的相关意见，其中陕西省高院规定数额 100 万元以上为情节特别严重，河南省、天津市高院规定数额 150 万元以上为情节特别严重，但实践中均尚未适用。

本案中，新野公司违法运用资金 13 笔，每笔 500 万元至 1.1 亿元，累计金额 5.24 亿元，违法运用资金数额巨大，次数多；违法运用资金的起止时间为 2011 年 12 月至 2013 年 11 月，时间跨度较大，资金风险持续时间较长；且新野公司在运用资金的过程中未采取必要风险控制措施，资金使用风险较大；其拆借资金以签订虚假合同为手段，恶意逃避监管，违背股东利益，使巨额资金的运用处于不确定状态，社会危害性较大，依法应当认定为犯罪情节严重。

（三）陈某、王某的涉案行为不宜认定为情节特别严重

虽然在金融犯罪中通常以犯罪数额作为情节严重程度的标准，但犯罪数额在不同的领域表现出来的社会危害性有一定的差异。保险公司作为金融机构，通常具有运用资金规模巨大的特点，如果单纯以犯罪数额作为情节轻重的标准，则忽视了犯罪危害的特殊性，影响罪责刑的统一。是否属于情节特别严重，应当结合本案特点进行综合评判。

首先，虽然本案违法运用资金的总额达 5.24 亿元，但上述资金分 13 笔转出，新野公司一方面回收之前借出的资金，一方面又拆借出新的款项，资金运用处于循环状态，并非所有涉案资金同时处于风险之中。其次，资金使用方中科公司是上海证券交易所上市公司，偿付能力较强，且资金往来账目清晰，大部分资金占用时间较短，故虽然所涉保险资金的安全处于不确定状态，但尚未造成特别巨大的风险。最后，在客观上，新野公司所拆借的资金均已收回，没有造成实际经济损失，也未造成特别重大的社会危害。

（四）关于对陈某、王某、胡某的刑事追诉与原保监会行政处罚之间的关系问题

监管部门的行政处罚与司法机关依法刑事追诉，均系为维护金融市场秩序，保障公众资金的安全。针对新野公司违法运用保险资金的行为，原保监会虽对该公司及陈某等人进行了行政处罚，但该公司违法运用资金的行为情节严重，已触犯了刑律，故应依法对陈某等人刑事处罚。由于触犯法律类型的不同，行政违法责任的追究不能替代刑事责任的追究。

知识拓展

2006 年 6 月 29 日《刑法修正案（六）》在《刑法》第 185 条后增加一条作为第 185 条之一，增设了违法运用资金罪，明确规定了与广大群众切身利益息息相关的社会保障基金、住房公积金等公众资金的投资、利用方式，是为惩罚相关机构违规使用公众资金、保障涉及公众利益的资金安全、规范国家金融保险秩序而设立的罪名。

（一）违法运用资金罪的犯罪客体

本罪的犯罪客体是特定公众资金的安全和保险金融管理秩序。

（二）违法运用资金罪的犯罪客观方面

本罪的犯罪客观方面表现为实施了违反国家规定运用资金的行为。

《刑法》没有对本罪的犯罪行为作具体规定，但《保险法》及国务院相关文件对保险公司的资金运用行为作了相关规定。保险公司运用资金只能限于《保险法》规定的领域及国务院规定的其他资金运用形式。对保险资金的管理、利用，《保险法》以“白名单”的方式作了严格、明确的规定，即只能运用于《保险法》规定的领域及国务院规定的其他资金运用形式。保险公司作为金融机构，资金运用必须稳健，遵循安全性原则，其资金应

用于投资，应确保保险资金的保值和增值，进而确保保险资金的良性运转。具体到本案，新野公司资金拆借的行为超出了《保险法》及国务院相关文件规定的保险资金运用范围。首先，《保险法》的立法演变虽然就保险资金的运用领域呈现扩大趋势，但从未允许保险公司可以向其他企业拆借资金。新野公司运用资金的性质则属于关联企业之间的资金拆借行为。本案中合同的实际履行情况及涉案资金的流向显示，新野公司运用资金的行为与设备采购和投资无关。涉案资金没有使用于合同约定的用途，资金运用的过程符合资金拆借的特征，且陈某、王某亦供认转出资金最终由中科公司实际使用。上述证据能够相互印证涉案资金的运用属资金拆借的事实。其次，国务院《关于加快发展现代保险服务业的若干意见》《关于深化投融资体制改革的意见》等文件，虽然提出逐步放宽保险资金投资范围，创新资金运用方式，鼓励保险公司通过投资企业股权、债权、基金、资产支持计划等多种形式，在合理管控风险的前提下，为科技型企业、小微企业、战略性新兴产业等发展提供资金支持，但新野公司向关联企业拆借资金，并非保险资金的创新运用方式，明显与国务院相关文件的规定不符。这种拆借行为违背保险公司基本利益，因而也不可能是上述意见所认可的资金运用方式。

（三）违法运用资金罪的犯罪主体

本罪的犯罪主体为特殊主体，社会保障基金管理机构、住房公积金管理机构等公众资金管理机构，以及保险公司、保险资产管理公司、证券投资基金管理公司才能构成本罪适格主体，可对单位判处罚金，对其直接负责的主管人员和其他直接责任人员判处有期徒刑或拘役，并处罚金。

（四）违法运用资金罪的犯罪主观方面

本罪的犯罪主观方面表现为故意。故意是指行为人应当明知自己的行为会危害特定公众资金的安全和保险金融管理秩序，而希望或放任这种结果发生。

普法提示

社会保障基金管理机构、住房公积金管理机构等公众资金管理机构，以及保险公司、保险资产管理公司、证券投资基金管理公司，承担着公众资金安全保障重任。本案系相关企业违法运用资金受到刑事追诉第一案，相关单位应当以此为鉴，警钟长鸣，增强守法意识，合法、合规运用资金，保障金融秩序稳健和社会稳定。

（一）加强人员培训教育

社会保障基金管理机构、住房公积金管理机构等公众资金管理机构，以及保险公司、保险资产管理公司、证券投资基金管理公司要定期对工作人员，尤其是公司相关主管人员和其他责任人员，进行普法培训教育，正确理解法律规定、领会相关文件要求，依法、依规运用资金，保证相关资金按照法律规定和文件要求运行。

（二）强化行政部门监管作用

相关行政部门要加强对上述机构及公司的监管，对违规运用资金的行为严格处罚。要从三方面强化资本监管，保障资金稳健运用：一是保护公众财产利益，促使资金保值增值；二是维护企业正常经营，从严监管促进发展；三是保护金融市场秩序，促进行业稳健发展。同时应该强化违法线索移送机制，提高违法成本，才能起到警戒和惩戒作用，规范资金运用行为。

案例八

集资诈骗的罪与罚

周耀①

案情回顾

（一）基本案情

白某，45岁，高中毕业后曾经开办煤矿、水泥厂，从事修路、个体装修等工作。2013年3月，白某想投资工程建设项目，又无相应巨额资金实力，便打起了非法集资的主意。白某成立公司，租赁高档写字楼作为办公地以彰显公司实力，大量招聘人员从事非法集资活动。白某注册的公司可分为吸资公司和项目公司，白某先后注册数十家从事非法集资活动的公司，下辖百余个吸资网点，另通过代办公司在境外注册“离岸企业”，在国内设立代办处，后与地方政府签订投资框架协议和项目合同，承诺为政府基建项目注资，后以此名义向社会吸收资金。白某名下企业形成较为完备的组织架构，大致可分为业务、行政、人事、财务、法务、项目六大板块。

为吸引投资人投资，白某组织人员通过散发传单、策划公司内刊、借助网络媒体、组织理财讲座或酒会等形式进行虚假或夸大宣传，对外称自己是国内投融资领域的专家，通过参加“山寨社团”组织的活动并提供赞助，获得“山寨社团”为其个人及名下企业颁发的一系列极其响亮的虚假荣誉，谎称将吸收的民间闲散资金全部用于国家基础设施和重大项目建设，名下企业投资决策科学，风控措施完备，投资款由大型企业或金融集团提供担保，从个人能力、公司实力、资金安全等角度进行全方位包装和虚假宣传，吸引到大量手握闲散资金有投资需求的投资人。白某组织的吸资团队采用线上和线下两种手段共计吸收资金近百亿元，所吸收资金除用于还本付息外，余款用

① 北京市第二中级人民法院刑二庭法官。

于支付员工工资和提成，对外挥霍性投资，以及家庭购房、子女出国留学，还有部分巨额款项被其提现后去向不明。

（二）审理过程

2019 年 8 月，北京某中级人民法院认为被告人白某以非法占有为目的，使用诈骗方法非法集资，其行为已构成集资诈骗罪，且数额特别巨大，被告人王某等 33 人未经有关部门批准，借用合法经营形式，向社会公众募集资金，承诺还本付息，变相吸收公众存款，扰乱金融秩序，各被告人的行为均已构成非法吸收公众存款罪，且数额巨大，对以上 34 名被告人依法均应予惩处，并作出如下判决：被告人白某犯集资诈骗罪，判处无期徒刑，剥夺政治权利终身，并处没收个人全部财产；王某等 33 人犯非法吸收公众存款罪，判处三年至十年有期徒刑，并处罚金。宣判后，白某等人不服提出上诉，北京市高级人民法院驳回上诉，维持原判。

法理分析

案例中白某所触犯的罪名为集资诈骗罪。《刑法》第 192 条规定，以非法占有为目的，使用诈骗方法非法集资，数额较大即可构成本罪。本罪的认定中存在以下常见问题。

（一）自然人犯罪与单位犯罪的区分

根据《刑法》第 200 条的规定，自然人和单位均可构成本罪。在司法实践中，绝大部分集资诈骗犯罪是以单位名义实施的，但该节不应成为区分自然人犯罪和单位犯罪的绝对标准。《最高人民法院关于审理单位犯罪案件具体应用法律有关问题的解释》规定，个人为进行违法犯罪活动设立公司，以及设立公司后以实施犯罪为主要活动，均不以单位犯罪论处。判断单位是否以实施非法集资犯罪为主要活动，应当根据单位实施非法集资的次数、频度、持续时间、资金规模、资金流向、投入人力物力情况、单位进行正当经营的状况以及犯罪活动的影响、后果等因素综合考虑认定。白某成立公司后，仅将少部分资金用于项目投入，且无任何收益，归根结底是为进行更大规模非法集资提供服务，应认定为成立公司后以实施非法集资为主要活动，其非法集资时虽借公司之名，但应归属于自然人犯罪。

（二）集资诈骗罪与诈骗罪的区分

集资诈骗罪属于诈骗罪的特殊形态，要求具备以非法占有为目的的诈骗犯罪共性，同时在犯罪对象和客观行为表现上又具有以下特殊要求：

1. 集资诈骗罪要求通过媒体、推介会、传单、手机短信等途径向社会公开宣传，针对不特定对象实施诈骗。向社会公开宣传既包括以各种途径积极主动地向社会公众传播吸收资金的信息，还包括明知吸收资金的信息向社会公众扩散而予以放任等情形，例如在向亲友或者单位内部人员吸收资金的过程中，明知亲友或者单位内部人员向不特定对象吸收资金而予以放任。实践中，相关单位或个人为规避刑法集资诈骗罪"针对不特定对象"要件，通过公开宣传将社会人员吸收为单位内部人员，并向其吸收资金。《最高人民法院、最高人民检察院、公安部关于办理非法集资刑事案件适用法律若干问题的意见》明确规定此种行为同样属于"针对不特定对象"实施犯罪。

2. 集资诈骗罪要求承诺在一定期限内以货币、实物、股权等方式还本付息或者给付回报。实践中大量非法集资行为都较为隐蔽，借用了合法经营的形式，对此应进行实质考察。已经发生且经司法解释明确规定的情形包括：不具有房产销售的真实内容或者不以房产销售为主要目的，以返本销售、售后包租、约定回购、销售房产份额等方式非法吸收资金的；以转让林权并代为管护等方式非法吸收资金的；以代种植（养殖）、租种植（养殖）、联合种植（养殖）等方式非法吸收资金的；不具有销售商品、提供服务的真实内容或者不以销售商品、提供服务为主要目的，以商品回购、寄存代售等方式非法吸收资金的；不具有发行股票、债券的真实内容，以虚假转让股权、发售虚构债券等方式非法吸收资金的；不具有募集基金的真实内容，以假借境外基金、发售虚构基金等方式非法吸收资金的；不具有销售保险的真实内容，以假冒保险公司、伪造保险单据等方式非法吸收资金的；以投资入股的方式非法吸收资金的；以委托理财的方式非法吸收资金的；利用民间“会”“社”等组织非法吸收资金的；其他非法吸收资金的行为。结合上述表现形态，集资诈骗可能发生的领域涵盖了农林、工商、证券、保险、基金等多领域。

（三）集资诈骗罪与非法吸收公众存款罪的区分

通过公开宣传面向不特定对象吸收资金是集资诈骗罪相较于诈骗罪的特殊性，同时又是集资诈骗罪与非法吸收公众存款罪的共性。以非法占有为目的虚构事实骗取他人钱款是集资诈骗罪与诈骗罪的共性，同时又是集资诈骗罪与非法吸收公众存款罪之区别所在。“真”的对立面即为“假”，实践中对虚夸事实、隐瞒真相的认定相对来说较为容易。本案中，白某夸大个人经营能力，虚构公司实力，谎称对外投资决策的严谨科学性，隐瞒自融资、自担保以及资金真实去向等事实，通过欺骗性宣传并辅以高息诱惑，误导集资参与人自愿将资金交给其处理，属于以诈骗方法非法集资。

如何判断相关单位或个人是否具有非法占有的目的争议较大。《最高人民法院关于审理非法集资刑事案件具体应用法律若干问题的解释》第 4 条规定，使用诈骗方法非法集资具有以下客观行为表现，可认定具有非法占有目的：（1）集资后不用于生产经营活动或者用于生产经营活动与筹集资金规模明显不成比例，致使集资款不能返还的；（2）肆意挥霍集资款，致使集资款不能返还的；（3）携带集资款逃匿的；（4）将集资款用于违法犯罪活动的；（5）抽逃、转移资金、隐匿财产，逃避返还资金的；（6）隐匿、销毁账目，或者搞假破产、假倒闭，逃避返还资金的；（7）拒不交代资金去向，逃避返还资金的；（8）其他可以认定非法占有目的的情形。需要引起注意的是，非法占有并非只有自己占有或消费才能成立，对资产的随意处置，进行挥霍性开销等造成财产损失亦可构成非法占有。本案中，白某骗得近百亿元的集资款后，经审计列支项目约占比五分之一，真正投入项目的资金与集资规模明显不成比例；实际投入到项目的资金本就有限，白某先投资后考察或不做尽职调查和风险利润评估导致大额资金被骗，项目随心启动又随意终止导致巨额资金不能收回，投资失败后直接放弃前期投资款，白某用集资参与人的钱款满足其个人挥霍性投资的愿望，进一步加大集资参与人的资金风险，加剧集资参与人的损失；白某在其上述“经营”行为造成集资参与人的损失逐渐扩大的情形下，还将部分集资款用于个人购房、子女出国，通过大额取现导致巨额资金去向不明，案发前将以7000万元集资款购得其他公司之股权变更至他人名下予以隐匿。白某具备司法解释规定认定非法占有目的之行为表现中“用于生产经营活动与筹集资金规模明显不成比例”“肆意挥霍集资款”“隐匿财产”等多种情形，足以证实其具有非法占有集资款的主观故意。

知识拓展

（一）集资诈骗罪犯罪数额标准和刑档修正

《最高人民法院关于审理非法集资刑事案件具体应用法律若干问题的解释》第5条对自然人犯罪和单位犯罪规定了不同定罪量刑数额标准，其中：（1）个人进行集资诈骗，数额在10万元以上的，应当认定为“数额较大”；数额在30万元以上的，应当认定为“数额巨大”；数额在100万元以上的，应当认定为“数额特别巨大”。（2）单位进行集资诈骗，数额在50万元以上的，应当认定为“数额较大”；数额在150万元以上的，应当认定为“数额巨大”；数额在500万元以上的，应当认定为“数额特别巨大”。另外，集资诈骗的数额以行为人实际骗取的数额计算，案发前已归还的数额应予扣除。行为人为实施集资诈骗活动而支付的广告费、中介费、手续费、回扣，或者用于行贿、赠与等的费用，不予扣除。行为人为实施集资诈骗活动而支付的利息，除本金未归还可予折抵本金以外，应当计入诈骗数额。

《刑法修正案（十一）》将《刑法》第192条关于集资诈骗罪的规定修改为：“以非法占有为目的，使用诈骗方法非法集资，数额较大的，处三年以上七年以下有期徒刑，并处罚金；数额巨大或者有其他严重情节的，处七年以上有期徒刑或者无期徒刑，并处罚金或者没收财产。单位犯前款罪的，对单位判处罚金，并对其直接负责的主管人员和其他直接责任人员，依照前款的规定处罚。”其中，数额较大、数额巨大标准暂无新的规定。

（二）集资诈骗与非法吸收公众存款可通过共犯形式并存

我国刑法规定，共同犯罪指二人以上共同故意犯罪。条文对犯罪故意部分重叠但罪名不同的被告人能否构成共同犯罪规定不明。《最高人民法院关于审理非法集资刑事案件具体应用法律若干问题的解释》第 4 条第 3 款规定："集资诈骗罪中的非法占有目的，应当区分情形进行具体认定。行为人部分非法集资行为具有非法占有目的的，对该部分非法集资行为所涉集资款以集资诈骗罪定罪处罚；非法集资共同犯罪中部分行为人具有非法占有目的，其他行为人没有非法占有集资款的共同故意和行为的，对具有非法占有目的的行为人以集资诈骗罪定罪处罚。”从表述上看，该规定肯定了非法吸收公众存款、集资诈骗可构成非法集资共同犯罪，根据具体主观目的差异，应按照不同罪名定罪处罚。白某组织的非法集资案件中，白某以非法占有为目的采用诈骗方法进行非法集资，对其行为应按照集资诈骗罪定罪惩处；其余参与非法集资活动的被告人，缺乏非法占有集资款的主观故意，故应认定构成非法吸收公众存款罪。

（三）非法集资共同犯罪的处理中坚持宽严相济的刑事政策

非法集资犯罪参与人众多，司法机关在处理此类犯罪时坚持贯彻宽严相济的刑事政策，除了从定性上进行严格区分外，还坚持重点惩处非法集资犯罪活动的组织者、领导者和管理人员，其中包括单位犯罪中的上级单位（总公司、母公司）的核心层、管理层和骨干人员，下属单位（分公司、子公司）的管理层和骨干人员，以及其他发挥主要作用的人员。鼓励涉案人员积极配合调查、真诚认罪悔罪，主动退赃退赔，以最大限度挽回集资参与人的损失，从而获得从轻处罚。通过区别对待、分类处理涉案人员，做到罚当其罪、罪责刑相适应。

普法提示

随着社会主义市场经济的发展，居民储蓄的增加，民间空闲资本为实现保值增值逐渐投入市场，且投入方式日趋多元化，除传统储蓄计息外，部分资金投入股市等风险市场。部分民营企业在筹措“第一桶金”或在经营过程中出现资金困难时，也将目光投向上述人群。企业在向民间闲散资本市场筹措经营款项时，切忌铤而走险，触碰法律的红线。对此，以下几点应引起足够的重视：

（一）不得违反诚实守信原则

诚实守信是社会基本道德准则，其精神贯穿于民法和刑法条文之中。诚则立，欺则毁；信则胜，诈则败。企业在生产经营活动中违背诚实守信原则，小则构成民事欺诈，应承担民事赔偿责任；大则触犯刑法，身陷囹圄。民营企业遭遇资金困境，法律未禁止向民间资本市场进行融资。然而，在此过程中同样应坚持诚实守信原则，融资时应将当前经营状况、资金用途如实告知出借方，融资后按照约定用途使用融资款，需要改变资金用途时提前知会出借方，征得出借方同意。

（二）不得面向公众吸收资金

非法集资行为因其面向社会公众，一方面破坏了国家金融管理秩序，另一方面此种行为具有“滚雪球”效应极容易失控，造成大量投资人的经济损失，引发社会治安事件，影响社会安定。此类行为具有严重的社会危害性，因而被国家明令禁止，并入刑为犯罪，最高可判处无期徒刑。民营企业向民间资本市场融资时，切忌通过公开宣传向不特定对象融资。此种“融资”手段，不仅不能从根本上解决企业的资金问题，反而将使企业或经营者触犯刑律，接受刑事处罚，最终阻碍企业的经营发展。

（三）不得将融资款用于个人及家庭支出

《公司法》第3条规定：“公司是企业法人，有独立的法人财产，享有法人财产权。公司以其全部财产对公司的债务承担责任。有限责任公司的股东以其认缴的出资额为限对公司承担责任；股份有限公司的股东以其认购的股份为限对公司承担责任。”民营企业的经营者往往是公司的实际出资人，企业财产间接归属于经营者，故而经常出现经营者将企业收入与个人财产混同，随意将公司资产用于个人或家庭支出。这在一定程度上削减了企业法人的独立性，不利于企业对外债务承担。民营企业对外融资后，经营者将融资款用于个人或家庭支出，在刑事案件审理中，将成为认定企业经营者是否具有非法占有他人财物主观故意的重要依据。

案例九

骗取运费险是否构成犯罪？

常燕[①]

案情回顾

（一）基本案情

2016年，王某逛网上商城时，无意中发现很多店铺中陈列的商品都在显眼的位置标明“商品已申请运费险”，以此招徕顾客，标榜商品如不满意，退换货时顾客不用支付运费。但“聪明”的王某却从中发现了发财之道——如果没有实际购买商品，没有实际支付运费，而仅是网上刷单，虚假交易，那么申请退货时是不是可以平白赚取相应的运费呢？

想到了如此“绝妙”的赚钱点子，王某立刻开始进行一系列准备工作。首先需要开设网上店铺，如果以自己的真实姓名开立店铺，不仅费时长，程序烦琐，还有日后被发现的风险，所以王某毫不犹豫地选择了在网上购买他人出售的店铺“借壳上网”。如何才能在网上买到他人的店铺呢？王某在QQ群里几经搜寻，加入了数个专门从事店铺转让的群，成功地联系到了数十家店铺的卖主，双方约定，购买店铺时不变更店主姓名及相关信息，仅让卖主把店铺后台登录账号的密码和验证手机更改成王某的密码和手机号即可。如此一番操作，王某控制了数十家店铺，但店铺后台却显示与王某毫无关系。

拿到店铺控制权后，王某专门设置了一个价格为1元的商品用于刷单，如果有些店铺有价格限制，就把价格设为2元或5元。然后，王某开通了店铺的运费险服务。运费险的保费由店铺承担，一个订单的保费约为0.25元，如果发生退货，每个订单最高理赔金额为20元。如此计算，利润率高达80倍，真是一本万利的好买卖。之后的工作便是刷单制造虚假交易和退货了。

---

① 北京市第二中级人民法院刑二庭法官。

王某在网上购买了大量的小号，把小号的用户名、登录密码和刷单店铺名提供给刷单公司，刷单公司按照王某的要求，用其提供的小号在刷单店铺大量下单，然后在刷单店铺后台点击发货，在刷单小号里点击确认收货后再申请退货，在刷单店铺点击审核收到退货。操作完成后，理赔的保险金就会打入小号的余额中。如何把小号中的钱款顺利提现呢？王某再次发挥了他的聪明才智。他又购买了4个店铺用于洗钱，在每个店铺中设置一个600元的商品，当小号的余额达到600元时，王某就会用小号在洗钱店铺下单，然后确认收货，一番操作下来，小号里的钱款就会转移到洗钱店铺的账户中。王某又联系了专门的“取钱手”，将账户中的钱转入“取钱手”提供的账户，“取钱手”抽取10%的佣金后将取现的钱款交给王某。

网上商城平台与保险公司签订的合作协议约定，保险费由网上商城平台先行垫付，之后与保险公司结算。因此几个月的时间，数家店铺出现了大量退货交易，网上商城平台垫付了巨额的运费险保费后，发现事有蹊跷，便与店铺主联系，得知相关店铺均已转让给他人，存在大量虚假交易，遂报警。经统计，2016年1月至7月，短短几个月间，王某骗取运费保险金共计1000余万元。经网上追逃，次年10月，王某被抓获归案。

（二）审理过程

2018年7月4日，北京市东城区人民检察院指控被告人王某犯保险诈骗罪、妨害信用卡管理罪、伪造金融票证罪，向北京市东城区人民法院提起公诉。北京市东城区人民法院经公开开庭审理后认为：被告人王某无视国法，以非法占有为目的，利用购物平台退换货运费险赔付功能，编造虚假交易退货，制造保险事故，骗取保险金，数额特别巨大，其行为破坏了正常的市场经济秩序，已构成保险诈骗罪；被告人王某利用空白卡及相关设备伪造空白信用卡，非法持有他人信用卡，且数量较大，其行为破坏了正常的金融管理秩序，另构成伪造金融票证罪、妨害信用卡管理罪，应数罪并罚。北京市东城区人民检察院指控的事实清楚，举证确实、充分，罪名成立。鉴于被告人王某到案后能如实供述主要犯罪事实，且案件发生确与被害单位软件管理中的漏洞有关，对其从轻处罚。据此，东城区人民法院于2018年12月27日作出一审判决：一、被告人王某犯保险诈骗罪，判处有期徒刑十二年，并处罚金人民币12万元；犯伪造金融票证罪，判处有期徒刑一年，并处罚金人民币2万元；犯妨害信用卡管理罪，判处有期徒刑六个月，并处罚金人民币1万元；决定执行有期徒刑十三年，并处罚金人民币15万元。二、在案扣押的赃款人民币2140100元，由扣押机关发还被害单位，剩余赃款继续向被告人王某追缴后发还被害单位。在案扣押的信用卡及涉案物品（未移送），由扣押机关依法没收。宣判后，王某不服，提出上诉。2019年4月30日，北京市第二中级人民法院终审裁定驳回上诉，维持原判。

本案中，控辩双方的争议焦点在于王某的行为应当认定为刑事诈骗还是应当认定为民事不当得利，王某是否应当就此行为承担刑事责任，不当得利与刑事诈骗之间的界限应当如何区分。

法理分析

《刑法》第198条规定，有下列情形之一，进行保险诈骗活动，数额较大的，处五年以下有期徒刑或者拘役，并处1万元以上10万元以下罚金；数额巨大或者有其他严重情节的，处五年以上十年以下有期徒刑，并处2万元以上20万元以下罚金；数额特别巨大或者有其他特别严重情节的，处十年以上有期徒刑，并处2万元以上20万元以下罚金或者没收财产：（1）投保人故意虚构保险标的，骗取保险金的；（2）投保人、被保险人或者受益人对发生的保险事故编造虚假的原因或者夸大损失的程度，骗取保险金的；（3）投保人、被保险人或者受益人编造未曾发生的保险事故，骗取保险金的；（4）投保人、被保险人故意造成财产损失的保险事故，骗取保险金的；（5）投保人、受益人故意造成被保险人死亡、伤残或者疾病，骗取保险金的。有第4项、第5项所列行为，同时构成其他犯罪的，依照数罪并罚的规定处罚。单位犯该罪的，对单位判处罚金，并对其直接负责的主管人员和其他直接责任人员，处五年以下有期徒刑或者拘役；数额巨大或者有其他严重情节的，处五年以上十年以下有期徒刑；数额特别巨大或者有其他特别严重情节的，处十年以上有期徒刑。保险事故的鉴定人、证明人、财产评估人故意提供虚假的证明问价，为他人诈骗提供条件的，以保险诈骗的共犯论处。据此，保险诈骗罪的认定主要包括以下方面。

（一）保险诈骗罪侵犯的客体是国家的保险制度和公共财产的所有权

保险是指依据保险法规，投保人根据合同规定，向保险人支付保险费，待发生合同约定的保险事故后，或者被保险人死亡、伤残、疾病，或者达到合同约定的年龄期限时，承担给付保险金责任的商业保险行为。保险诈骗与一般诈骗犯罪的区别在于保险诈骗是基于保险合同而实施的诈骗，因此除了一般诈骗所侵害的财产权利外，保险诈骗还侵害了国家的保险制度。

（二）保险诈骗罪的客观方面表现为违反保险法规定，通过虚构事实或者隐瞒真相的方法，骗取保险金，数额较大的行为

我国《刑法》第198条对保险诈骗罪的构成要件采用了列举式叙明罪状的表述方式，将保险诈骗罪的客观行为限定为以下五种情形：

第一种情形是投保人虚构保险标的，骗取保险金。所谓虚构保险标的，是指投保人投保时虚构一个不存在的物体或事实作为保险标的，或者对投保标的进行虚假的陈述。在实践中，虚构保险标的最常见的手段就是被告人提供伪造的资料投保，后谎称出现保险事故，向保险公司索赔。

第二种情形是投保人、被保险人或者受益人对发生的保险事故编造虚假原因或者夸大损失的程度，骗取保险金。保险事故是指双方当事人签订保险合同时约定的保险人承担保险事故责任的范围，当保险事故发生时，投保人、被保险人应当向保险公司详细说明事故的发生原因及造成的损失，保险人据此判断保险事故是否属于自己的承保范围。对于本不属于保险人应当承担赔付责任的保险事故，投保人、被保险人故意编造虚假原因导致保险人陷入错误认识，赔付保险金的，应当认定构成保险诈骗罪。对于属于保险人承保范

围，但投保人、被保险人夸大损失程度，使保险人超出应当赔付金额进行赔付的，超出金额亦应当纳入保险诈骗数额中。

第三种情形是投保人、被保险人或者受益人编造未曾发生的保险事故，骗取保险金。编造未曾发生的保险事故是指签订保险合同后，投保人、被保险人或者受益人在没有发生保险事故的情况下，虚构发生保险事故，骗取保险金的行为。本案中，王某的行为就属于这类情形，即原本并没有发生实际的退货事实，王某却通过网上各种操作虚构了退货事实，骗取保险公司给付了并不存在的运费。

第四种情形是投保人、被保险人故意造成财产损失的保险事故，骗取保险金。这类情形是指投保人、被保险人故意制造事故造成保险标的的损失，之后再向保险公司索赔，骗取保险金，或是保险事故发生后，投保人、被保险人为了获取更多的保险金，不采取措施制止损失扩大或故意采取某种行为使损失扩大。

第五种情形是故意造成被保险人死亡、伤残或者疾病，骗取保险金。这类情形针对的是人身保险合同。人身保险是指以自然人的生命健康为保险标的的保险，在这类保险诈骗中，由于投保人、受益人一般与被保险人分离，存在一些行为人为了得到保险金而故意杀害或伤害被保险人的情况，在该种情形下，行为人的行为有可能触犯其他罪名，构成其他犯罪的，应当依法数罪并罚。①

（三）保险诈骗罪的主体为特殊主体，即投保人、被保险人或者受益人

根据《刑法》的相关规定，投保人、被保险人以及收益人是保险诈骗罪的主体，他们既可以是自然人，也可以是单位。此外，故意为他人实施诈骗行为提供条件并且帮助提供虚假文件证明的保险事故鉴定人、证明人、财产评估人，也应当以保险诈骗罪的共犯论处。

---

① 李敏：《论保险诈骗罪》，中国海洋大学 2012 年硕士学位论文。

（四）保险诈骗罪的主观方面为直接故意，并且要求行为人具有非法占有保险金的目的

保险诈骗罪的主观方面应当是直接故意，间接故意和过失是不可能构成保险诈骗罪的。此外，行为人还应当具有非法占有保险金的目的，这一点也是所有诈骗类犯罪都要求具有的要件。

通过对上述要件的分析，我们可以看出，本案中，王某具有非法占有运费险的主观目的，在该主观目的的支配下，虚构了虚假的退货交易，编造了未曾发生的保险事故，骗取运费保险金。其一方面侵犯了保险公司的财产权利，另一方面侵害了我国的保险管理制度，构成保险诈骗罪，理应受到刑罚处罚。

保险诈骗是伴随着保险业的产生发展而存在的一种犯罪。1979 年，我国在制定《刑法》时，保险事业刚刚起步，保险诈骗案件少见，因此并未专门规定保险诈骗罪，对于个别出现的保险诈骗案件，都按照普通诈骗案件处理。随着社会经济的发展，保险行业也日益壮大，为了有效打击日益增多的保险诈骗，1995 年 6 月 30 日公布的《保险法》对保险欺诈行为进行了明确详细的规定，并特别列举了 5 种情形需要依法追究刑事责任。同时，《全国人民代表大会常务委员会关于惩治破坏金融秩序犯罪的决定》第 16 条将上述 5 种情形明确认定为保险诈骗罪。该规定是保险诈骗罪纳入《刑法》条文的前身，1997 年修订《刑法》时将上述条款吸收进来，保险诈骗罪自此成为一个独立的罪名。

知识拓展

本案在审理过程中，遇到了一个很有意思的争议焦点，即被告人宣称自己的行为系不当得利，仅应当承担民事责任，不应当承担刑事责任，但不当得利与刑事犯罪之间究竟是何种关系？本文将就该问题进行如下阐释。

（一）不当得利的基本含义

不当得利是指没有法律上的原因而获得利益，导致他人遭受损害，受益人应当返还所受利益。不当得利制度有着两千多年的发展历史，在整个发展过程中，衡平观念一直占据着主要位置，并不断影响着不当得利制度的发展方向。从公元3世纪罗马法学家提出的“不论何人，不得基于他人之损失而受利益”的观点开始，成就了不同时代、不同地域、不同人种的社会公平理念，并成为当时法学界中重要的制度依据。随着社会经济的快速发展及法律制度的健全，不当得利制度的返还请求权利被逐渐扩大，并适用于无原因给付外的理由，建立不得以他人的损失谋取个人利益的不当得利制度的一般原则。①

两大法系对不当得利各有定义。大陆法系认为，不当得利是指一方没有法律上的原因而受有利益，导致他方遭受损失的事实。英美法系认为，不当得利是指被告受有利益而致原告遭受损失，且原告对于维护这种利益状态不具有正当性。比较两大法系，可以看出其实两者对不当得利的定义基本相似，只不过大陆法系更为强调要依照法律认定，而英美法系更多的是运用正当性的概念。②我国是大陆法系国家，民事上关于不当得利的规定亦强调法律根据，即没有合法根据，取得不当利益，造成他人损失的，应当将取得的不当利益返还受损失的人。具体而言，不当得利的构成要件有四个：一是一方获得利益，二是他方受到损失，三是获得利益和受到损失之间具有因果关系，四是获得利益没有合法根据。③

不当得利与契约、无因管理、侵权行为等均为债的发生原因。而债的发生原因是不同的，有的基于行为，有的基于事实。行为可以分为合法行为和违法行为，事实可以分为事实和状态。由此可见，不当得利的发生并非源于

① 孙驰：《浅论不当得利之民法与刑法交叉问题》，载《法制与社会》2013年12月。

② 孔祥红：《不当得利之民法与刑法交叉问题研究——对许霆案的再思考》，中国社会科学院2011年硕士学位论文。

③ 郭明瑞：《民法》，北京高等教育出版社2007年版，第520页。

行为人的意思表示，而是因为有了相关法律规定，才产生了不当得利的法律效果。因此在性质上，不当得利的基础并不是某种法律行为，而是某个不以行为人的意志为转移的事件，不当得利的性质是事件，而不是法律行为。[①]

通过上述分析可以看出，在民法上，不当得利本质上是对行为人没有合法根据获利并因此致使他人遭受损害之法律事实的表述。

（二）不当得利在民事与刑事之间的重合与交叉

当我们把不当得利的概念范围扩大，会发现刑法上同样存在不当得利的法律事实，譬如诈骗、侵占、盗窃，同样是行为人没有合法根据获利并因此致使被害人财产遭受损失。这是因为民法与刑法都需要对社会生活进行调整，因此在某一法律事实上出现民刑法规的重合与交叉便是题中应有之义，此时便产生了一个问题，不当得利行为何时应当承担刑事责任呢。

其一，主观故意是区分不当得利在民事与刑事责任界限的重要戒尺。不当得利是一种法律事实，行为人主观意思并不能影响该法律事实的存在，但却能影响该法律事实受何种法律规范的调整。从主观故意区分，不当得利可分为恶意不当得利和善意不当得利，即受益人取得利益时是否知道没有合法根据获利，是否知道因该获利行为损害了他人的财产权利。当行为人明知没有合法根据，且知道该行为会侵害他人财产权利，仍采用该行为获利，系恶意不当得利行为，该主观意思满足了经济犯罪中非法占有故意的要件。

其二，社会危害程度是区分不当得利在民事与刑事责任之间界定的基本准则。民法和刑法作为两部调整社会生活纠纷的部门法，二者关系颇为密切：刑法是民法的保障，民法是刑法解决纠纷的基础。但二者处理纠纷的方式和措施却有很大区别。只有在民法和行政法不足以抗制犯罪的情况下，才能用刑法抗制。正是在这个意义上，刑法表现出谦抑性、补充性。但刑法的补充性并非指在抗争犯罪上处于次要地位，而是指相对于侵权行为法与行政处罚

---

① 郑玉波:《民法债编总论》，中国政法大学出版社 2004 年版，第 90 页。

法而言，刑法是抗制犯罪的最后手段。[①] 因此只有当行为人的行为具有严重的社会危害性，严重侵害了刑法所保护的法益，以至于民事法律规范和行政处罚法对该种行为的约束不足以保护受到侵害的法益时，才需要启动严厉的刑罚手段，对行为人进行处罚，进而保护被害人利益和被侵犯的社会秩序。

（三）不当得利在民事责任与刑事责任并存时的处理原则

对于民刑交叉案件，我国司法实践中一般采用“先刑后民”的原则，即在民事诉讼中，发现涉嫌刑事犯罪时，应当将案件交由侦查机关进行侦查，待侦查机关查清犯罪事实后，通过刑事诉讼程序由法院对案件中的刑事犯罪部分进行审理，如仍有民事责任问题未能解决，再由原民事诉讼承办法院就未涉及的民事责任问题进行审理。

普法提示

随着互联网电商经济的发展，越来越多的人热衷于“薅羊毛”，本案中的被告人也是在被捕后理直气壮地将自己的行为界定为“薅羊毛”，但是从法律层面分析，有些“羊毛”不能随意“薅”。

首先，从法律事实而言，很多“薅羊毛”行为明显属于不当得利，即受益人并没有合法根据获利，却因此使得相关人员利益受损。譬如本案中，行为人并没有获取运费保险款的合法事由，却采取一系列行为获取相关运费保险款，进而使得保险公司支付了本不应当支出的保险费用，产生了财产损失，行为人的获利行为应当认定为不当得利。

其次，从民事法律规范层面分析，属于不当得利的“薅羊毛”行为可以通过民事法律途径采取撤销或合同无效等方式进行调整，利益受损方有权要求受益人将所获无因利益予以返还，法院亦会支持利益受损方的相关财产返还请求权，恢复双方的财产状态。

---

① 陈兴良：《刑法谦抑的价值蕴含》，载《现代法学》1996 年第 3 期。

最后，从刑事法律层面分析，属于不当得利的“薅羊毛”行为可能会通过刑事处罚的方式进行调整。鉴于刑法的谦抑性，一般的“薅羊毛”行为并不会被界定为犯罪，但是对于那些以非法占有他人财物为目的，利用和制造系统网络漏洞，或者利用他人显而易见的失误，获取他人财物，且数额较大的，就可能会触犯刑律，构成犯罪。

综上所述，行为人没有正当合法的根据获取利益，并致使相关人员利益受损，从而造成不当得利的法律事实时，行为人不仅需要承担民事上的返还责任，而且有可能会触犯刑事法律，被认定为犯罪。不当得利仅是一种法律事实，当情节轻微，社会危害性不大，且行为人并没有非法占有他人财物的主观故意时，行为人可能仅需要承担民事上的退赔责任，但当行为人产生了非法占有他人财物的故意，且造成了较大的危害后果时，就需要以刑事法律规范进行调整，行为人亦需要承担相应的刑事责任。在刑事司法实践中，不仅仅是诈骗类犯罪，很多其他犯罪，如盗窃罪、侵占罪等，都同时符合不当得利的构成要件，都可能成为不当得利之事实对应的处罚根据。因此，一言以蔽之，不该占的便宜不要占，不该“薅”的“羊毛”不要“薅”。

案例十

逃税的罪与罚

杨子良[①]

案情回顾

（一）基本案情

2007年12月11日，被告人李某生与张某在北京市顺义区李遂镇龙太路注册成立了被告单位北京泰安康健有限公司，被告人李某生系该公司法定代表人和实际经营者。2009年至2011年，被告单位北京泰安康健有限公司在经营期间，采用部分收入不纳税申报以及在增值税发票记账联少填销售额的方式进行虚假纳税申报，逃避缴纳企业所得税和增值税共计582723.93元，占应纳税总额的89.28%。2015年1月16日，北京市顺义区国税局稽查局对被告单位作出《税务处理决定书》和《税务行政处罚决定书》，采用公告方式告知被告单位接受处理。2015年12月31日，北京市顺义区国税局稽查局作出催告书，通过公告方式送达被告单位并要求被告单位限期履行，被告单位在限期内仍未补缴应纳税款、滞纳金。被告人李某生于2017年1月21日被抓获，公安机关立案后补缴了全部税款、滞纳金和罚款。另查，本案审理期间，被告人李某生预交罚金人民币3万元。

（二）审理过程

2017年9月30日，北京市顺义区人民检察院指控被告单位北京泰安康健有限公司、被告人李某生犯逃税罪，向顺义区人民法院提起公诉。顺义区人民法院经公开开庭审理后认为：被告单位北京泰安康健有限公司、被告人李某生的行为已构成逃税罪，应予惩处。北京市顺义区人民检察院对被告单

---

① 北京市第二中级人民法院刑二庭副庭长、员额法官。

位北京泰安康健有限公司、被告人李某生犯有逃税罪的指控事实清楚，证据确实、充分，罪名成立。鉴于被告单位北京泰安康健有限公司到案后如实供述犯罪事实，已补缴全部应纳税款、滞纳金和罚款，当庭自愿认罪认罚，对其从宽处罚。鉴于被告人李某生到案后如实供述犯罪事实，已为被告单位补缴全部应纳税款、滞纳金和罚款，当庭自愿认罪认罚，对被告人李某生从宽处罚并适用缓刑。据此，顺义区人民法院于 2017 年 12 月 4 日作出一审判决：一、被告单位北京泰安康健有限公司犯逃税罪，判处罚金人民币 60 万元（以所缴行政罚款折抵罚金）；二、被告人李某生犯逃税罪，判处有期徒刑一年六个月，缓刑二年，并处罚金人民币 3 万元。宣判后，被告单位及被告人均未提出上诉，检察机关未提出抗诉，一审判决发生法律效力。

本案北京泰安康健有限公司在公安机关立案后补缴了全部税款、滞纳金和罚款，为什么还被定罪判刑呢？

法理分析

本案对北京泰安康健有限公司定罪判刑的法律依据是《刑法》第 201 条。根据该条规定，纳税人实施逃税行为后，经税务机关依法下达追缴通知后，补缴应纳税款，缴纳滞纳金，已受行政处罚的，除五年内因逃避缴纳税款受过刑事处罚或者被税务机关给予二次以上行政处罚的情况外，不予追究刑事责任；但是，对于已经追究刑事责任的能否终止追究或者从宽处理，目前立法及司法文件均无具体规定。实践中如何处理，需要办案人员结合法理加以分析。

根据相关立法文献，我国 2009 年增加不追究刑事责任规定的目的，主要考虑打击逃税犯罪的目的是加强税收征管，保证国家税款收入；对行为人经税务机关催缴后主动补交税款和滞纳金，接受行政处罚的，如果不追究刑事责任，更有利于巩固税源和扩大税基，有利于提高纳税人纳税意识；国外很多国家也采用这种处理方式。在已经启动追究刑事责任的程序后，纳税人补交税款和滞纳金，接受行政处罚的，客观上也能达到上述目的，只不过实现立法目的的时间稍晚一些。因此，在已经启动追究刑事责任程序后包括公安机关立案后至一审宣判前，纳税人补缴了全部税款、滞纳金和罚款的，都应当予以从轻处理或者不起诉。对于在二审期间纳税人补缴了全部税款、滞纳金和罚款的，除此前有因客观原因不能补缴全部税款、滞纳金和罚款的情况外，从维护司法权威的需要考虑，原则上不再予以从宽处理。在已经启动追究刑事责任程序后，无论属于哪个诉讼阶段，都不能对纳税人终止追究刑事责任，撤销案件、作出不构成犯罪的不起诉决定、终止审理，等等。因为纳税人实施逃税行为后，逃税罪已经实施完毕，依照《刑法》第 201 条等规定就应当追究刑事责任，不追究刑事责任对于公安司法机关而言就是违法和失职。本案中，被告单位北京泰安康健有限公司在公安机关对其立案后一审宣判前补缴全部应纳税款、滞纳金和罚款，根据以上分析，一审法院应当继续追究刑事责任，并酌情予以从轻处罚。一审法院的处理结果体现了这种从宽政策，是正确的。

知识拓展

（一）逃税罪的立法过程

偷逃税款行为早在我国 1979 年《刑法》中就作了明文规定。1979 年《刑法》第 121 条规定，违反税收法规，偷税、抗税，情节严重的，除按照税收法规补税并且可以罚款外，对直接责任人员，处三年以下有期徒刑或者拘役。1992 年 9 月 4 日第七届全国人大常委会第二十七次会议通过《关于惩治偷税、抗税的犯罪的补充规定》第 1 条对上述规定作出补充和修改：纳税人采取伪造、变造、隐匿、擅自销毁账簿、记账凭证，在账簿上多列支出或者不列、少列收入，或者进行虚假的纳税申报的手段，不缴或者少缴应纳税款的，是偷税。偷税数额占应纳税额的 10% 以上并且偷税数额在 1 万元以上的，或者因偷税被税务机关给予二次行政处罚又偷税的，处三年以下有期徒刑或者拘役，并处偷税数额五倍以下的罚金；偷税数额占应纳税额的 30% 以上并且偷税数额在 10 万元以上的，处三年以上七年以下有期徒刑，并处偷税数额五倍以下的罚金。扣缴义务人采取前款所列手段，不缴或者少缴已扣、已收税款，数额占应缴税额的 10% 以上并且数额在 1 万元以上的，依照前款规定处罚。对多次犯有前两款规定的违法行为未经处罚的，按照累计数额计算。第 3 条规定，企业事业单位犯第 1 条、第 2 条罪的，依照第 1 条、第 2 条的规定，判处罚金，并对负有直接责任的主管人员和其他直接责任人员，处三年以下有期徒刑或者拘役。

1997 年《刑法》修改时，将这一规定纳入《刑法》第 201 条中，并增加规定了经税务机关通知申报而拒不申报等内容：纳税人采取伪造、变造、隐匿、擅自销毁账簿、记账凭证，在账簿上多列支出或者不列、少列收入，经税务机关通知申报而拒不申报或者进行虚假的纳税申报的手段，不缴或者少缴应纳税款，偷税数额占应纳税额的 10% 以上不满 30% 并且偷税数额在 1 万元以上不满 10 万元的，或者因偷税被税务机关给予二次行政处罚又偷税的，处三年以下有期徒刑或者拘役，并处偷税数额一倍以上五倍以下罚金；偷税数额占应纳税额的 30% 以上并且偷税数额在 10 万元以上的，处三年以上七年以下有期徒刑，并处偷税数额一倍以上五倍以下罚金。扣缴义务人采取前款所列手段，不缴或者少缴已扣、已收税款，数额占应缴税额的 10% 以上并且数额在 1 万元以上的，依照前款的规定处罚。对多次犯有前两款行为，未经处理的，按照累计数额计算。

2009 年 2 月 28 日，全国人大常委会第七次会议通过《刑法修正案（七）》，根据实践需要对 1997 年《刑法》第 201 条作出了较大的修改，在对逃税行为的界定、定罪量刑标准以及事后具有补缴税款等情况不追究刑事责任等方面都作出了新的规定，特别是将罪名统一为逃税罪，不再称偷税罪。

（二）逃税罪的定罪条件和标准

根据《刑法》第 201 条规定，构成逃税罪必须具备以下条件：

1. 行为主体是纳税人和扣缴义务人。纳税人是根据法律和行政法规规定负有纳税义务的单位和个人。根据《税收征收管理法》规定，法律、行政法规规定负有纳税义务的单位和个人为纳税人。法律、行政法规规定负有代扣代缴、代收代缴税款义务的单位和个人为扣缴义务人。

2. 行为侵犯的客体是国家税收征管制度。

3. 行为人主观方面是故意，即逃税的行为系出于故意。

4. 行为人客观上实施了逃税行为。包括纳税人采取欺骗、隐瞒手段进行虚假纳税申报或者不申报，逃避缴纳税款数额较大并且占应纳税额 10% 以上的行为；扣缴义务人采取以上手段，不缴或者少缴已扣、已收税款，数额较大的行为；纳税人以假报出口或者其他欺骗手段骗取所缴纳的税款，未超过行为人自己所缴纳的税款。其中，虚假纳税申报是指在纳税申报过程中，不如实申报，比如不如实填写或者提供纳税申报表、财务会计报表及其他纳税资料。实践中，虚假纳税申报主要有以下手段：（1）伪造、变造、隐匿和擅自销毁账簿、记账凭证，比如不少企业制作数套账簿，其中虚假账簿用来应付税务机关。（2）在账簿上多列支出或者不列、少列收入。逃避缴纳税款数额是指行为人在一个纳税期间偷逃的各种税的总数额。应纳税额是指在一个纳税期间应当缴纳的各种税的总额。一个纳税期间，一般指一个会计年度，即从每年 1 月 1 日至 12 月 31 日。

5. 行为人实施的逃税行为达到定罪标准即追诉标准。根据《刑法》第 201 条及 2010 年 5 月 7 日起施行的《最高人民检察院、公安部关于公安机关管辖的刑事案件立案追诉标准的规定（二）》第 57 条的规定，追诉标准如下：（1）纳税人采取欺骗、隐瞒手段进行虚假纳税申报或者不申报，逃避缴纳税款，数额在 5 万元以上并且占各税种应纳税总额 10% 以上，经税务机关依法下达追缴通知后，不补缴应纳税款、不缴纳滞纳金或者不接受行政处罚的；（2）纳税人五年内因逃避缴纳税款受过刑事处罚或者被税务机关给予二次以上行政处罚，又逃避缴纳税款，数额在 5 万元以上并且占各税种应纳税总额 10% 以上的；（3）扣缴义务人采取欺骗、隐瞒手段，不缴或者少缴已扣、已收税款，数额在 5 万元以上的。纳税人在公安机关立案后再补缴应纳税款、缴纳滞纳金或者接受行政处罚的，不影响刑事责任的追究。

根据《刑法》第 201 条第 3 款规定，对多次实施逃税行为，未经处理的，按照累计数额计算。这里未经处理是指未经行政处理和刑事司法处理。累计数额计算是指按照行为人历次逃税数额累计相加。

（三）量刑标准

1. 个人犯罪量刑标准

根据《刑法》第 201 条规定，逃税罪法定刑分为两档，第一档是逃避缴纳税款数额较大并且占应纳税额 10% 以上的，处三年以下有期徒刑或者拘役，并处罚金；第二档是数额巨大并且占应纳税额 30% 以上的，处三年以上七年以下有期徒刑，并处罚金。其中第一档的认定标准即上述追诉标准。第二档认定标准目前还没有立法或司法文件作出具体规定。如参照 2009 年《刑法修正案（七）》出台的《刑法》第 201 条规定，数额巨大建议按数额较大的 10 倍确定标准。

2. 单位犯罪定罪量刑标准

根据现行《刑法》第 211 条规定，单位犯本节第 201 条、第 203 条、第 204 条、第 207 条、第 208 条、第 209 条规定之罪的，对单位判处罚金，并对其直接负责的主管人员和其他直接责任人员，依照各该条的规定处罚。

根据《最高人民检察院、公安部关于公安机关管辖的刑事案件立案追诉标准的规定（二）》第 90 条的规定，上述立案追诉标准适用于相应的单位犯罪。

3. 宽严相济的政策

根据《刑法》第 201 条第 4 款的规定，采取欺骗、隐瞒手段进行虚假纳税申报或者不申报，逃避缴纳税款数额较大并且占应纳税额 10% 以上，包括数额巨大并且占应纳税额 30% 以上的行为，经税务机关依法下达追缴通知后，补缴应纳税款，缴纳滞纳金，已受行政处罚的，不予追究刑事责任；但是，五年内因逃避缴纳税款受过刑事处罚或者被税务机关给予二次以上行政处罚的除外。

（四）追缴税款问题

现行《刑法》第212条规定，犯《刑法》第201条至第205条规定之罪，被判处罚金、没收财产的，在执行前，应当先由税务机关追缴税款和所骗取的出口退税款。

（五）逃税罪与骗取出口退税罪的区别

根据《刑法》第201条及第204条的规定，逃税罪与骗取出口退税罪的区别主要体现在以下几个方面：

1. 行为主体不同。逃税罪的行为主体是纳税人和扣缴义务人。骗取出口退税罪的行为主体可以是纳税人，也可以是其他单位和个人。

2. 行为对象不同。逃税罪行为对象是应当缴纳而未缴纳的税款以及出口退税以外的其他已缴纳的税款。骗取税款超过所缴纳的税款部分，以骗取出口退税罪定罪处罚。骗取出口退税罪的行为对象是国家出口退税款，不包括纳税人已缴纳的出口退税以外的税款。

3. 行为手段不同。逃税罪的行为手段是纳税人采取欺骗、隐瞒手段进行虚假纳税申报或者不申报，逃避缴纳税款；扣缴义务人采取以上手段，不缴或者少缴已扣、已收税款；纳税人以假报出口或者其他欺骗手段骗取所缴纳的税款，未超过行为人自己所缴纳的税款。骗取出口退税罪的手段只是假报出口或者其他欺骗手段。

4. 法定刑轻重不同。骗取出口退税罪的法定刑较重且没有补缴后不追究刑事责任的政策。根据《刑法》第204条规定，以假报出口或者其他欺骗手段，骗取国家出口退税款，数额较大的，处五年以下有期徒刑或者拘役，并处骗取税款一倍以上五倍以下罚金；数额巨大或者有其他严重情节的，处五年以上十年以下有期徒刑，并处骗取税款一倍以上五倍以下罚金；数额特别巨大或者有其他特别严重情节的，处十年以上有期徒刑或者无期徒刑，并处骗取税款一倍以上五倍以下罚金或者没收财产。

普法提示

（一）刑法的禁止性规定

逃税问题在世界各国都较为常见。各国都作出了刑法禁止性规定。

我国《税收征收管理法》第63条有对偷逃税款行为依法追究刑事责任的规定。此外，《刑法》第201条规定："纳税人采取欺骗、隐瞒手段进行虚假纳税申报或者不申报，逃避缴纳税款数额较大并且占应纳税额百分之十以上的，处三年以下有期徒刑或者拘役，并处罚金；数额巨大并且占应纳税额百分之三十以上的，处三年以上七年以下有期徒刑，并处罚金。扣缴义务人采取前款所列手段，不缴或者少缴已扣、已收税款，数额较大的，依照前款的规定处罚。对多次实施前两款行为，未经处理的，按照累计数额计算。有第1款行为，经税务机关依法下达追缴通知后，补缴应纳税款，缴纳滞纳金，已受行政处罚的，不予追究刑事责任；但是，五年内因逃避缴纳税款受过刑事处罚或者被税务机关给予二次以上行政处罚的除外。"

（二）预防犯罪提示

纳税是企业的法定义务。企业、企业在外地设立的分支机构和从事生产、经营的场所自领取营业执照之日起30日内，必须持有关证件向税务机关申报办理税务登记。企业违反税收征收管理法律的，轻则要受到罚款等行政处罚，重则要被追究刑事责任。为有效预防企业逃税犯罪，从国家和主管部门角度来说，要加强税法宣传，加强政策辅导，强化纳税人的纳税意识，提高纳税人的遵从度，避免纳税人因政策不知而偷税漏税，还要拧紧税务机关和税务人员的责任链条，加大税务稽查力度，扩大社会曝光面，同时畅通举报渠道，形成社会监督网络。从企业自身来说，企业一要加强依法纳税的管理；二要加强教育，确保企业高管到普通职工都牢固树立依法纳税的法治意识，坚决杜绝从纳税方面节约企业成本的想法；三要在出现逃税问题时及时补缴税款，特别是要在被追究刑事责任之前，补缴应纳税款，缴纳滞纳金，接受行政处罚。

案例十一

虚开增值税专用发票需承担刑事责任

王钰楠①

案情回顾

这是一起因企业财物人员违法为其他公司虚开增值税专用发票而被判处刑罚的案件。

公诉机关指控：2016 年 9 月至 2018 年 8 月，被告人齐某在天天公司担任财务经理期间，为抵扣税款，在没有真实交易的情况下，为福瑞公司虚开增值税专用发票 345 张，税额共计人民币 5614538.35 元，其中 278 张已抵扣税款，税额共计人民币 4541391.5 元。

被告人齐某辩称：其行为不会给国家税款造成损失，不构成虚开增值税专用发票罪。其辩护人的主要辩护意见：齐某不构成虚开增值税专用发票罪。（1）福瑞公司与其他公司有真实交易，但未取得进项专票，故齐某从天天公司开具进项专票，其开票行为是如实代开，而不是虚开；（2）齐某的行为不会导致天天公司额外增加税负，也不会造成国家税款损失；（3）齐某没有骗取国家税款的目的，其开具增值税专用发票的目的是为福瑞公司平账。

法院经审理查明：2016 年 9 月至 2018 年 8 月，被告人齐某在天天公司担任财务经理期间，为抵扣税款，在没有真实交易的情况下，为福瑞公司虚开北京增值税专用发票 345 张，税额共计人民币 5614538.35 元，其中 278 张已抵扣税款，税额共计人民币 4541391.5 元。基于此，法院认定被告人齐某犯虚开增值税专用发票罪，判处有期徒刑十年，并处罚金人民币 10 万元。

可以看出，虚开增值税专用发票罪是否构罪的焦点主要围绕着行为人是否有虚开行为、是否造成国家税款损失。

---

① 北京市第二中级人民法院刑二庭法官助理。

法理分析

虚开增值税专用发票的“虚开”究竟如何界定？怎么认定虚开的数额认定标准？这些是本罪认定的重中之重。

（一）行为界定

虚开增值税专用发票的具体行为方式有以下四种：

1. 为他人虚开增值税专用发票，指合法拥有增值税专用发票的单位或者个人，明知他人没有货物购销或者没有提供或接受应税劳务而为其开具增值税专用发票，或者即使有货物购销或者提供了应税劳务但为其开具数量或者金额不实的增值税专用发票或用于骗取出口退税、抵扣税款的其他发票的行为。

2. 为自己虚开增值税专用发票，指合法拥有增值税专用发票的单位和个人，在本身没有货物购销或者没有提供或者接受应税劳务的情况下为自己开具增值税专用发票，或者即使有货物购销或者提供或接受了应税劳务但却为自己开具数量或者金额不实的增值税专用发票的行为。

3. 让他人为自己虚开增值税专用发票，指没有货物购销或者没有提供或接受应税劳务的单位或者个人要求合法拥有增值税专用发票的单位或者个人为其开具增值税专用发票，或者即使有货物购销或者提供或接受了应税劳务但要求他人开具数量或金额不实的增值税专用发票或者进行了实际经营活动，但让他人为自己代开增值税专用发票的行为。

4. 介绍他人虚开增值税专用发票，指在合法拥有增值税专用发票的单位或者个人与要求虚开增值税专用发票的单位或者个人之间沟通联系、牵线搭桥的行为。

本案中被告人齐某为抵扣税款，明知天天公司与福瑞公司没有真实交易，仍从天天公司为福瑞公司虚开增值税专用发票，且大部分进行了进项抵扣，根据规定，只有在进项中缴纳了增值税的交易主体，才享有在销项中抵扣的权利，齐某主观上具有骗取税款的目的，福瑞公司在进项中以不开具进项发票低价进货，在真实交易中没有缴纳增值税，国家并未基于该真实交易而征收到相应税款，福瑞公司在交易后以齐某从天天公司获取的发票进行抵扣，客观上造成了国家税款的损失，其行为符合虚开增值税专用发票罪的构成要件，应当以虚开增值税专用发票罪定罪处罚。

其次，即使代开的增值税专用发票有实际经营活动作为基础，并且购买者确实向销售者按增值税税率如实支付了税款，但是按照规定，小规模纳税人适用税率为3%，而增值税一般纳税人为小规模纳税人代开发票，使其适用税率为17%，与小规模纳税人进行交易的第三人如以增值税一般纳税人填开的增值税专用发票抵扣税款，无疑从国家那儿赚取了商品交易额14%的税款。由于我国税收制度中不同纳税主体所缴纳税率不同，也仍然可能造成国家税款的损失，构成犯罪。为他人如实代开增值税发票不仅违反了增值税发票的独立使用原则，也可能构成犯罪。

（二）数额认定

根据《刑法》第205条第1款的规定，虚开增值税专用发票或者虚开用于骗取出口退税、抵扣税款的其他发票的，处三年以下有期徒刑或者拘役，并处2万元以上20万元以下罚金；虚开的税款数额较大或者有其他严重情节的，处三年以上十年以下有期徒刑，并处5万元以上50万元以下罚金；虚开的税款数额巨大或者有其他特别严重情节的，处十年以上有期徒刑或者无期徒刑，并处5万元以上50万元以下罚金或者没收财产。

1996年《最高人民法院关于适用〈全国人民代表大会常务委员会关于惩治虚开、伪造和非法出售增值税专用发票犯罪的决定〉的若干问题的解释》规定，虚开税款数额1万元以上的或者虚开增值税专用发票致使国家税款被骗取5000元以上的，应当依法定罪处罚，三档数额标准分别为1万元以上、10万元以上、30万元以上，另外，致使国家税款被骗取5000元以上、5万元以上、30万元以上或者虚开的税款数额接近巨大并致使国家税款被骗取5万元以上，也分别对应三个量刑档次。

随着经济发展和形势变化，2018年8月22日，最高人民法院印发了《关于虚开增值税专用发票定罪量刑标准有关问题的通知》，规定“人民法院在审判工作中不再参照执行《最高人民法院关于适用〈全国人民代表大会常务委员会关于惩治虚开、伪造和非法出售增值税专用发票犯罪的决定〉的若干问题的解释》(法发〔1996〕30号)第一条规定的虚开增值税专用发票罪的定罪量刑标准”，并明确了虚开增值税专用发票刑事案件定罪量刑的数额标准，“可以参照《最高人民法院关于审理骗取出口退税刑事案件具体应用法律若干问题的解释》(法释〔2002〕30号)第三条的规定执行，即虚开的税款数额在五万元以上的，以虚开增值税专用发票罪处三年以下有期徒刑或者拘役，并处二万元以上二十万元以下罚金；虚开的税款数额在五十万元以上的，认定为刑法第二百零五条规定的‘数额较大’；虚开的税款数额在二百五十万元以上的，认定为刑法第二百零五条规定的‘数额巨大’”。至此，虚开增值税专用发票罪的入罪门槛和量刑数额均大幅提高，定罪量刑标准有了统一的适用依据。本案中，齐某虚开增值税发票税额总计达500余万元，抵扣的税额达400余万元，属于“数额特别巨大”范畴，最终判处十年有期徒刑。

知识拓展

(一)立法沿革

1993年，增值税制度登上了我国税收制度的历史舞台，与普通发票相比，增值税专用发票不仅具有记载经营活动的功能，更具有凭票依法抵扣税款的功能，一时间大量没有真实交易的增值税专用发票以及票面价格超出实际交易价格的发票泛滥，导致国家税收遭受重大损失。为了遏制泛滥的虚开增值税专用发票现象，1995年10月30日《全国人民代表大会常务委员会关于惩治虚开、伪造和非法出售增值税专用发票犯罪的决定》确立虚开增值税发票犯罪，1997年虚开增值税专用发票罪被写入《刑法》，2011年《刑法修正案(八)》取消了虚开增值税专用发票罪的死刑。

（二）理论辨析

1. 虚开增值税专用发票罪的犯罪客体

本罪的犯罪客体是国家对增值税专用发票的管理秩序。

2. 虚开增值税专用发票罪的犯罪客观方面

本罪的犯罪客观方面表现为实施了没有货物购销或者没有提供或接受应税劳务而为他人、为自己、让他人为自己、介绍他人开具增值税专用发票或者即使有货物购销或者提供或接受了应税劳务但为他人、为自己、让他人为自己、介绍他人开具数量或者金额不实的增值税专用发票或者进行了实际经营活动，但让他人为自己代开增值税专用发票的行为。

参照 1996 年 10 月 17 日《最高人民法院关于适用〈全国人民代表大会常务委员会关于惩治虚开、伪造和非法出售增值税专用发票犯罪的决定〉的若干问题的解释》之规定，具有下列行为之一的，即属本罪的虚开：（1）没有货物购销或者没有提供或接受应税劳务而为他人、为自己、让他人为自己、介绍他人开具；（2）有货物购销或者提供或接受了应税劳务但为他人、为自己、让他人为自己、介绍他人开具数量或者金额不实；（3）进行实际经营活动，但他人为自己代开其余的对不能反映纳税情况的有关内容作虚假填写。

3. 虚开增值税专用发票罪的犯罪主体

本罪的犯罪主体为一般主体，即达到刑事责任年龄且具有刑事责任能力的自然人均可构成。另外，根据《刑法》第 205 条第 3 款之规定，单位也可成为本罪主体，单位构成本罪的，对单位实行双罚制，对单位判处罚金，并对直接负责的主管人员和其他直接责任人员依法追究刑事责任。

在实践中，该犯罪主体包括增值税、一般纳税人、小规模纳税人和非增值税纳税人。从主体资格上可分为三类，即有权出售增值税专用发票的税务机关及其工作人员、具有增值税一般纳税人资格的单位和个人、不具有增值税一般纳税人资格的单位和个人，其中后两者所占比例多，为主要犯罪主体。

4. 虚开增值税专用发票罪的犯罪主观方面

本罪在主观方面必须是故意，且行为人主观上应具有骗取国家税款的目的。实践中，为他人虚开增值税专用发票的单位和个人一般都以收取高额的手续费为目的，为自己虚开、让他人为自己虚开，介绍他人虚开的单位和个人一般都是以收取高额的中介费、信息费为目的，但“以营利为目的”并不是本罪主观上的必要条件。

普法提示

相比虚开发票罪及其他同类犯罪，虚开增值税专用发票的处罚较为严厉，刑期最高可至无期徒刑，更易对国家税款造成较大损失，也可能如本案中天天公司一样造成企业资金亏损。因此，防范和监管应当双管齐下，共同发力。

（一）企业提高防范意识

虚开增值税专用发票涉及的主体面较广，虚开行为的隐蔽性较强，一方面，企业要加强对相关人员的培训、教育，不仅要熟知税务知识，也要学习相应的刑事法律知识，定期组织讲座、培训。另一方面，企业要建立健全内部防范机制，建立严格的发票制度，专人负责、专项监督，定期开展分析，落实风险应对措施，建立保障企业合法经营，维护管理秩序。

（二）强化监督职能

税务部门要创新手段、加强监控，提高企业违规违法成本，增强稽查力度，做到违法必究，保障国家增值税专用发票管理制度。通过分析货方生产报表、货物出入库单、销售及成本账单、购销双方会计账户、纳税申报等数目，确认增值税发票中的内容是否属实。2016 年全面实施营改增后，增值税发票系统对增值税货物、劳务和原营业税应税项目全覆盖，同时，金税三期上线，为全面利用增值税发票电子底账系统和稽查系统相关信息的比对功能提供了信息技术条件，建议有关部门充分利用现代信息技术，发挥纳税评估作用。

（三）加强税法宣传

要加强税法宣传力度，使广大涉税人员知法守法。税务机关在税法宣传工作中要有针对性地加强增值税有关税收法律知识的宣传。首先，要以企业或行政事业单位的负责人和财务人员等关键人员作为宣传对象。其次，要使涉税人员明确虚开增值税发票要承担的严重后果，达到涉税人员“不敢”的程度。最后，要多渠道、多角度地广泛宣传有关虚开增值税发票的典型案例，以起到普遍的警示作用。

案例十二 侵犯商业秘密的罪与罚

何朕①

案情回顾

（一）基本案情

厚德公司是一家专门生产电容器的民营企业，王某是厚德公司厦门办事处的销售经理，负责厦门地区的销售工作，并与厚德公司签订了劳动合同和保密协议。自2004年起，王某发现厚德公司的产品在当地销路很好，于是打起利用其所掌握的厚德公司产品价格、客户资源信息、客户名单等经营信息为自己牟利的念头。

王某先是伙同其丈夫赵某注册成立了格物公司，并向厚德公司谎称，格物公司是她在厦门开发的大客户，对厚德公司的电容器需求量很大。为了不让厚德公司看出格物公司的破绽，王某还找来朋友李某冒充格物公司的总经理与厚德公司接洽。厚德公司信以为真，为了占领市场，对供应给格物公司的产品再三降价，王某由此低价拿到了厚德公司的产品。王某与赵某还伪造了"厚德公司授权格物公司为厦门代理经销商"的授权委托书，对厚德公司的客户谎称格物公司是厚德公司的代理经销商，将其低价购入的产品卖给原来厚德公司的客户，实现牟利的目的。通过此种手段，王某共从厚德公司购入电子元件2600万余元，进销价差590万余元。案发后，王某、赵某被公安机关抓获归案。

（二）审理过程

赫山区人民法院审理认为，被告人王某利用担任厚德公司驻厦门办事处

---

① 北京市第二中级人民法院刑二庭法官助理。

销售经理的便利，违反公司规定，伙同赵某擅自成立格物公司，利用所掌握的厚德公司的客户资料、产品价格等经营信息，违反权利人有关保守商业秘密的要求，使用所掌握的商业秘密，低价套取厚德公司的商品，获取进销差价款从中牟利，使厚德公司遭受巨大经济损失，造成了特别严重的后果，其行为均已构成侵犯商业秘密罪。据此，赫山区人民法院作出一审判决：一、被告人王某犯侵犯商业秘密罪，判处有期徒刑三年六个月，并处罚金 150 万元。二、被告人赵某犯侵犯商业秘密罪，有期徒刑三年，缓刑三年，并处罚金 100 万元。宣判后，王某、赵某不服提出上诉，益阳市中级人民法院驳回上诉，维持原判。

本案中被告人违反与公司的保密约定，利用工作之便使用所掌握的客户资料、产品价格等经营信息牟利，是否属于《刑法》规定的侵犯商业秘密的行为?

法理分析

案例中的王某、赵某违反权利人有关保守商业秘密的要求，使用所掌握的商业秘密，给商业秘密的权利人造成重大损失，其行为触犯了《刑法》第 219 条规定的侵犯商业秘密罪。

侵犯商业秘密罪的犯罪构成是：

1. 犯罪对象是商业秘密。商业秘密是指不为公众所知悉、具有商业价值并经权利人采取相应保密措施的技术信息、经营信息等商业信息。在内涵方面，商业秘密需具有秘密性、保密性和价值性。首先，作为商业秘密的信息不属于公知信息，不能被其所属领域的相关人员普遍知悉和容易获得；其次，权利人必须为防止信息泄露采取了与其商业价值等具体情况相适应的合理保密措施；最后，有关信息需具有一定的经济价值，能够给权利人带来经济效益。在外延方面，侵犯商业秘密罪中的商业秘密包括技术信息、经营信息等类型，具体包括设计、程序、产品配方、制作工艺、制作方法、管理诀窍、客户名单、货源情报、产销策略、招投标中的标底及标书等内容。其中，客户名单是指客户的名称、地址、联系方式以及交易的习惯、意向、内容等构成的区别于相关公知信息的特殊客户信息，包括汇集众多客户的名册，以及保持长期稳定交易关系的特定客户。

2. 客观行为有四种类型。一是以盗窃、贿赂、欺诈、胁迫、电子侵入或者其他不正当手段获取权利人的商业秘密；二是披露、使用或者允许他人使用以上述第一种手段获取的权利人的商业秘密；三是违反保密义务或者违反权利人有关保守商业秘密的要求，披露、使用或者允许他人使用其所掌握的商业秘密；四是明知他人实施了前述行为的第三人，获取、使用或者允许他人使用该商业秘密。

3. 客观结果为情节严重或情节特别严重，前者为入罪结果，后者为加重结果，根据《最高人民法院、最高人民检察院关于办理侵犯知识产权刑事案件具体应用法律若干问题的解释（三）》，给商业秘密的权利人造成损失数额或者因侵犯商业秘密违法所得数额在 30 万元以上的，属于情节严重；给商业秘密的权利人造成损失数额或者因侵犯商业秘密违法所得数额在 250 万元以上的，属于情节特别严重。

4. 主观方面是故意，即行为人明知自己的行为会造成侵害他人商业秘密的后果，仍追求或放任危害后果的发生。过失侵犯他人商业秘密的，不构成侵犯商业秘密罪。

侵犯商业秘密罪的刑事责任是：情节严重的，处三年以下有期徒刑或者拘役，并处或者单处罚金；情节特别严重的，处三年以上十年以下有期徒刑，并处罚金。

知识拓展

（一）立法沿革

侵犯商业秘密罪是 1997 年《刑法》增设的新罪名，1979 年《刑法》及单行刑法没有规定此罪名。1997 年《刑法》第 219 条规定："有下列侵犯商业秘密行为之一，给商业秘密的权利人造成重大损失的，处三年以下有期徒刑或者拘役，并处或者单处罚金；造成特别严重后果的，处三年以上七年以下有期徒刑，并处罚金：（一）以盗窃、利诱、胁迫或者其他不正当手段获取权利人的商业秘密的；（二）披露、使用或者允许他人使用以前项手段获取的权利人的商业秘密的；（三）违反约定或者违反权利人有关保守商业秘密的要求，披露、使用或者允许他人使用其所掌握的商业秘密的。明知或者应知前款所列行为，获取、使用或者披露他人的商业秘密的，以侵犯商业秘密论。本条所称商业秘密，是指不为公众所知悉，能为权利人带来经济利益，具有实用性并经权利人采取保密措施的技术信息和经营信息。本条所称权利人，是指商业秘密的所有人和经商业秘密所有人许可的商业秘密使用人。”

2020 年 12 月 26 日第十三届全国人民代表大会常务委员会第二十四次会议通过、2021 年 3 月 1 日起施行的《刑法修正案（十一）》，将《刑法》第 219 条修改为：“有下列侵犯商业秘密行为之一，情节严重的，处三年以下有期徒刑，并处或者单处罚金；情节特别严重的，处三年以上十年以下有期徒刑，并处罚金：（一）以盗窃、贿赂、欺诈、胁迫、电子侵入或者其他不正当手段获取权利人的商业秘密的；（二）披露、使用或者允许他人使用以前项手段获取的权利人的商业秘密的；（三）违反保密义务或者违反权利人有关保守商业秘密的要求，披露、使用或者允许他人使用其所掌握的商业秘密的。明知前款所列行为，获取、披露、使用或者允许他人使用该商业秘密的，以侵犯商业秘密论。本条所称权利人，是指商业秘密的所有人和经商业秘密所有人许可的商业秘密使用人。”

新旧法条比较之下，最突出的不同是新法提高了法定刑，将原来的拘役删除，将法定最高刑由七年有期徒刑提高到十年有期徒刑。

（二）侵犯商业秘密罪造成损失的计算方法

造成损失的数额，是区分针对商业秘密的民事侵权和刑事犯罪最重要的因素，也是司法实践中争议比较大的问题。明确刑法上计算重大损失的方法，也有利于提醒权利人注意保全和收集证明自己损失的相关证据。根据有关规定，造成损失数额按照如下方法计算。

1. 以不正当手段获取权利人的商业秘密，尚未披露、使用或者允许他人使用的，损失数额可以根据该项商业秘密的合理许可使用费确定。

2. 以不正当手段获取权利人的商业秘密后，披露、使用或者允许他人使用的，损失数额可以根据权利人因被侵权造成销售利润的损失确定，但该损失数额低于商业秘密合理许可使用费的，根据合理许可使用费确定。

3. 违反约定、权利人有关保守商业秘密的要求，披露、使用或者允许他人使用其所掌握的商业秘密的，损失数额可以根据权利人因被侵权造成销售利润的损失确定。

4. 明知商业秘密是不正当手段获取或者是违反约定、权利人有关保守商业秘密的要求披露、使用、允许使用，仍获取、使用或者披露的，损失数额可以根据权利人因被侵权造成销售利润的损失确定。

5. 因侵犯商业秘密行为导致商业秘密已为公众所知悉或者灭失的，损失数额可以根据该项商业秘密的商业价值确定。商业秘密的商业价值，可以根据该项商业秘密的研究开发成本、实施该项商业秘密的收益综合确定。

6. 因披露或者允许他人使用商业秘密而获得的财物或者其他财产性利益，应当认定为违法所得。

7. 关于权利人因被侵权造成销售利润的损失，可以根据权利人因被侵权造成销售量减少的总数乘以权利人每件产品的合理利润确定；销售量减少的总数无法确定的，可以根据侵权产品销售量乘以权利人每件产品的合理利润确定；权利人因被侵权造成销售量减少的总数和每件产品的合理利润均无法确定的，可以根据侵权产品销售量乘以每件侵权产品的合理利润确定。商业秘密系用于服务等其他经营活动的，损失数额可以根据权利人因被侵权而减少的合理利润确定。

8. 商业秘密的权利人为减轻对商业运营、商业计划的损失或者重新恢复计算机信息系统安全、其他系统安全而支出的补救费用，应当计入给商业秘密的权利人造成的损失。

（三）侵犯商业秘密罪与其他相关犯罪的关系

1. 本罪与盗窃罪、职务侵占罪的关系

侵犯商业秘密罪的行为方式包括窃取商业秘密，这与盗窃罪有相似之处；利用职务便利获取、使用、允许他人使用商业秘密的行为与职务侵占罪也有相似之处。这些罪名最主要的区别体现在主观目的和行为对象方面。

从主观目的的角度看，盗窃罪、职务侵占罪均要求行为人具有非法占有目的，即排除权利人对财物的占有、由自己进行使用的目的。而在侵犯商业秘密犯罪中，行为人一般不具有排除原权利人对商业秘密占有的意思，仅具有获取商业秘密后自己使用、披露、允许他人使用的意思，这种意思主要是侵犯权利人对商业秘密专有权的意思，不能等同于非法占有的目的。作为例外的情况是，如果行为人非法获取商业秘密时，将商业秘密的载体一并窃取，针对该载体应当认为具有非法占有的目的，根据是否利用职务便利，分别构成职务侵占罪或盗窃罪。

从行为对象的角度看，针对商业秘密及其产生的财产性利益的侵害行为，符合侵犯商业秘密罪行为要件的，应当认定为侵犯商业秘密罪。例如，公司员工违反约定，将单位的商业秘密擅自转让给他人非法获利的，构成侵犯商业秘密罪。上述案例中，行为人利用其职务便利获取了公司的客户名单、进销价格等经营信息，欺骗公司低价取得产品，高价向公司的客户卖出赚取差价，也是对公司应得的财产性利益的侵占，但由于属于违反约定使用商业秘密的行为，应当认定为侵犯商业秘密罪。

2. 本罪与其他侵犯知识产权犯罪的区别

侵犯知识产权的罪名还包括假冒注册商标罪、侵犯著作权罪等，现实中，侵犯商业秘密罪与上述罪名也可能存在一定的交叉。例如，作为商业秘密的信息本身也属于他人或单位著作权的，行为人以营利为目的实施披露、允许他人使用的行为同时也可能符合复制、发行他人著作权的行为，由于是一个行为侵害了两种法益，应当根据想象竞合的原理，择一重罪论处。此外，行为人非法使用他人的商业秘密制造产品，又假冒他人注册商标的，属于两个行为分别侵害不同法益，应当同时成立侵犯商业秘密罪和假冒注册商标罪。

普法提示

（一）侵犯商业秘密罪的常见抗辩

1. 对“秘密性”的抗辩

对商业秘密是否具有秘密性可以提出的抗辩是该技术信息或经营信息属于公知信息，根据有关规定，下列信息属于公知信息，不能成立商业秘密：一是该信息为其所属技术或者经济领域的人的一般常识或者行业惯例；二是该信息仅涉及产品的尺寸、结构、材料、部件的简单组合等内容，进入市场后相关公众通过观察产品即可直接获得；三是该信息已经在公开出版物或者其他媒体上公开披露；四是该信息已通过公开的报告会、展览等方式公开；五是该信息从其他公开渠道可以获得；六是该信息无需付出一定的代价而容易获得。

2. 对“保密性”的抗辩

针对“保密性”的辩护点是权利人未对相关信息采取必要的保密措施。如果单位未与员工签订保密协议，或者协议仅笼统规定应当保守秘密，缺乏具体明确的内容，未指向涉案的相关信息的，还需要结合权利人是否实施其他的辅助手段判断其是否采取了合理的保密措施。

根据有关规定，具有下列情形之一，在正常情况下足以防止涉密信息泄露的，应当认定权利人采取了保密措施：一是限定涉密信息的知悉范围，只对必须知悉的相关人员告知其内容；二是对于涉密信息载体采取加锁等防范措施；三是在涉密信息的载体上标有保密标志；四是对于涉密信息采用密码或者代码等；五是签订保密协议；六是对于涉密的机器、厂房、车间等场所限制来访者或者提出保密要求；七是确保信息秘密的其他合理措施。

3. 对商业秘密权属的抗辩

在有些离职员工侵犯原单位商业秘密的案件中，被告人的原单位和新入职单位可能原本就存在商业秘密权属的纠纷，此时认定被告人构成侵犯商业秘密罪的前提是原单位拥有商业秘密的权属。尤其是涉及关联企业、企业集团之间的权属纠纷时，对商业秘密的权属提出辩解，提醒司法机关考虑相应的民事法律关系是非常重要的辩护理由。

（二）被侵害人的救济手段

1. 提起民事诉讼

商业秘密的权利人认为自己的商业秘密被他人侵犯的，可以向人民法院提起民事诉讼。有权提起民事诉讼的原告包括：商业秘密的所有权人和商业秘密独占使用许可合同的被许可人均有权独立作为原告起诉；排他使用许可合同的被许可人和普通使用许可合同的被许可人均可与权利人共同提起诉讼；在权利人不起诉的情况下，排他使用许可合同的被许可人可自行提起诉讼；权利人书面授权后，普通许可使用合同的被许可人可单独提起诉讼。

根据《反不正当竞争法》第 32 条的规定，侵犯商业秘密民事诉讼中的举证责任如下：根据民事诉讼"谁主张、谁举证"的一般原则，商业秘密权利人应提供初步证据，证明其已经对所主张的商业秘密采取保密措施，且合理表明商业秘密被侵犯。随后，举证责任发生转移，涉嫌侵权人应当证明权利人所主张的商业秘密不属于本法规定的商业秘密。商业秘密权利人提供初步证据合理表明商业秘密被侵犯，且提供以下证据之一的，涉嫌侵权人应当证明其不存在侵犯商业秘密的行为：（1）有证据表明涉嫌侵权人有渠道或者机会获取商业秘密，且其使用的信息与该商业秘密实质上相同；（2）有证据表明商业秘密已经被涉嫌侵权人披露、使用或者有被披露、使用的风险；（3）有其他证据表明商业秘密被涉嫌侵权人侵犯。

2. 向公安机关报案、由检察机关提起公诉

侵犯商业秘密造成损失数额达到刑事立案标准的，权利人既可以在民事判决后向公安机关报案，使得公安机关立案侦查，进入刑事诉讼程序；也可以不经民事诉讼，径行向公安机关提供初步材料，进行刑事报案。由于侵犯商业秘密民事诉讼耗时长、举证难度较大，许多被侵权人选择刑事救济的路径。侦查机关的介入，可以及时中止侵权人继续实施侵权行为，并固定侵权

人侵犯商业秘密的相关证据。公安机关进行立案受理后，下一个程序是检察机关决定是否提起公诉，在检察院向法院提起公诉的案件中，权利人可以作为被害人亲自参与刑事诉讼或委托诉讼代理人参与刑事诉讼。此外，为了防止商业秘密遭到二次泄露，被害人可以向法院申请不公开审理。

3. 向法院提起刑事自诉

在刑事救济途径中，权利人除了选择向公安机关报案、由检察机关提起公诉以外，还可以选择直接向人民法院提起刑事自诉。

根据法律规定，自诉案件包括被害人有证据证明的轻微刑事案件。对于侵犯商业秘密罪案件，不属于严重危害社会秩序和国家利益，被害人直接向人民法院起诉的，人民法院应当依法受理。对其中证据不足、可以由公安机关受理的，或者认为对被告人可能判处三年以上有期徒刑刑罚的，应当告知被害人向公安机关报案，或者移送公安机关立案侦查。因此，权利人提起刑事自诉有两个最重要的条件：一是能提供证据证明，二是不属于危害社会秩序和国家利益或可能判处三年以上有期徒刑的案件。

4. 在刑事诉讼中提起刑事附带民事诉讼

为了解决刑事被害人的损害赔偿问题，刑事诉讼中规定了附带民事诉讼制度，即被害人由于被告人的犯罪行为遭受物质损失的，在刑事诉讼中有权提起附带民事诉讼。例如，裴某侵犯商业秘密案中，被告人裴某窃取了他人技术秘密供自己所在的公司使用，给技术秘密权利人造成特别严重的后果，在刑事诉讼中，权利人将被告人裴某和其所在公司列为附带民事诉讼被告人，提起刑事附带民事诉讼。后法院在判决裴某的刑事责任之外，还判决裴某及其公司停止侵权，向权利人连带赔偿 1700 余万元。在二审期间，裴某及其公司和商业秘密权利人就附带民事诉讼的赔偿部分达成了调解协议。这个案例体现了附带民事诉讼制度一并解决损害赔偿争议、便利当事人诉讼的价值。

（三）预防犯罪提示

商业秘密在企业的生产经营中具有重要的经济价值，甚至构成企业在市场中的核心竞争力。企业的内部人员或者离职员工，利用在工作中知悉商业秘密的便利，自己使用或对外披露企业商业秘密，会给企业造成严重的损失。对此，企业除了通过事后的救济途径弥补自己的损失外，还应当在日常管理中强化保护和预防措施，从源头上防止被害。

一是强化技术性措施，加强对商业秘密的保护。完善企业的保密框架，可以对各种商业秘密进行密级划分，制定专门的保密标识方法。加强对企业信息管理系统的安全监测和维护，对涉密信息区分不同等级人员的访问权限。对涉密载体进行隔离保护，对接触人员进行留痕管理。

二是强化管理性措施，加强对员工侵害的防范。制定企业保密细则，明确涉密事项清单、涉密人员、涉密工作流程，通过保密协议、就业禁止协议、岗位职责表、保密承诺书等明确员工的保密义务，约定内容应具体、可执行。加强对员工的保密教育，完善对涉密人员履行保密责任的监督检查制度。

三是事前做好商业秘密价值的统计评估工作。为了在商业秘密受到侵害时，能及时有效提供受到损失的相关证据，企业在日常管理中应注意保存证明相关投入成本、研发费用、盈利情况的合同、发票、付款凭证等证据，对本企业商业秘密的价值有充分的估算。

案例十三 虚假广告的罪与罚

严鹏[①]

案情回顾

情景一：被告人王某鸣任执行董事并实际负责经营管理的被告单位财富咨询有限公司未经国家相关部门的批准和许可，租赁飞翔培训有限公司的校舍，擅自设立飞行学院，后通过发放由王某鸣拟定内容的印制有飞行学院校招生代码的《招生简章》《内部资料》，建立学院网站、微信公众号等广告形式，面向社会进行虚假招生宣传，诱使600余名学生缴纳高额费用后就读该学院。事发后，被告人王某鸣被民警抓获归案，其到案后如实供述了上述事实。后经法院审理认为，被告单位财富咨询有限公司作为广告主，违反国家规定，利用广告对服务作虚假宣传，情节严重，其行为构成虚假广告罪。被告人王某鸣系直接负责的主管人员，其行为构成虚假广告罪。据此，法院判处被告单位财富咨询有限公司犯虚假广告罪，判处罚金100万元；被告人王某鸣犯虚假广告罪，判处有期徒刑一年二个月，并处罚金10万元。

情景二：被告人李某慧是智慧文化传播有限公司法定代表人，负责向省级报刊发布广告信息。被告人王某明是该公司业务员，负责向省以下的地方报刊发布广告信息。李某慧、王某明作为广告经营者，为了牟取广告差额利润，在未对广告内容进行核实的情况下，多次联系各省商报及地方商报发布代办信用卡虚假广告信息，致使多名被害人被骗4万余元。后经法院审理认为，被告人李某慧、王某明作为广告经营者，违反国家规定，利用广告对服务作虚假宣传，致被害人受骗遭受经济损失，情节严重。据此，法院判处被告人李某慧犯虚假广告罪，判处拘役六个月，缓刑一年，并处罚金5000元；

---

① 北京市第二中级人民法院刑二庭法官助理。

被告人王某明犯虚假广告罪，判处拘役五个月，缓刑一年，并处罚金5000元。

情景三：快乐微生活微信平台管理者、法人张某财通过百万通公司工作人员接收到一条网络兼职广告，在收取对方广告费后，被告人张某财将该广告推至聚宝盆微生活平台。当日聚宝盆微生活关注人员宋某宝与该条广告里的QQ号聊天，对方以刷单返现金和佣金的方式骗取宋某宝信任，使宋某宝打开其发来的商品链接并用支付宝付款刷单，宋某宝按链接提示进行操作，先后刷单18次，共计被骗18万余元。后经法院审理认为，被告人张某财作为广告发布者，违反国家规定对服务做虚假宣传，情节严重，其行为已构成虚假广告罪，鉴于其自首，退赔受害人经济补偿，且得到受害人的谅解。据此，法院判处被告人张某财犯虚假广告罪，判处拘役六个月，缓刑一年，并处罚金人民币2000元。

法理分析

《刑法》第222条规定的虚假广告罪，是指广告主、广告经营者、广告发布者违反国家规定，利用广告对商品或者服务作虚假宣传，情节严重的，处二年以下有期徒刑或者拘役，并处或者单处罚金。根据我国刑法理论，犯罪构成要件主要从犯罪主体、犯罪的主观方面、犯罪客体、犯罪的客观方面四个方面分析。因此，结合上述三个案例，虚假广告罪的认定主要包含以下方面。

（一）犯罪主体

本罪的主体为特殊主体，即广告主、广告经营者和广告发布者，与上述三个情景中的行为人一一对应。情景一中的被告单位财富咨询有限公司以及被告人王某鸣作为广告主，通过网站、微信公众号等广告形式向社会进行虚假招生宣传；情景二中的被告人李某慧、王某明作为广告经营者，在未对广告内容进行核实的情况下联系媒体进行虚假宣传；情景三中的被告人张某财作为广告发布者，为赚取佣金为他人发布虚假兼职广告。以上三个情景中的行为人和单位均可认定为本罪的主体。

（二）犯罪的主观方面

本罪在犯罪的主观方面表现为故意，包括直接故意和间接故意，即广告主为牟取巨额利益，在明知广告是以虚假宣传为内容，会对消费者产生误导并侵犯消费者利益的情况下发布该广告，或者将虚假广告提供给广告经营者；广告经营者为获取非法利益，在明知或应知广告具有虚假内容，会使人产生误解的情况下仍然承接虚假广告，提供广告设计、代理、制作服务；广告发布者为追求商业利益，在未履行审查义务的情况下，明知或应知广告主、广告经营者提供的广告涉及虚假内容，仍对该广告进行发布。

（三）犯罪客体

本罪的客体主要包含两方面内容：一方面，虚假广告罪侵犯了正常的广告管理秩序和公平的市场竞争秩序。虚假广告罪在刑法分则中被归类为扰乱市场秩序的犯罪类型之一，无论是广告管理秩序还是市场竞争秩序，都是社会主义市场经济秩序的重要组成部分。而虚假广告的出现严重扰乱了国家对广告活动的正常管理，侵犯了其他商品生产者和经营者的利益。另一方面，虚假广告罪还侵犯了消费者的合法权益。《消费者权益保护法》第八条规定，消费者享有知悉其购买、使用的商品或者接受的服务的真实情况的权利，虚假广告的出现侵犯了消费者的知情权。同时，消费者在虚假广告的欺骗和误导下进行消费活动，其经济利益也遭受到一定损失。

（四）犯罪的客观方面

虚假广告罪在客观方面表现为违反国家规定，利用广告对商品或者服务作虚假宣传，情节严重的行为，具体体现在三个方面：一是违反国家规定，这里的国家规定主要是指《广告法》《反不正当竞争法》《广告管理条例》以及《消费者权益保护法》等法律规范中对于虚假广告的禁止性规定。二是利用广告对商品或者服务作虚假宣传，《反不正当竞争法》第 8 条规定，经营者不得对其商品的性能、功能、质量、销售状况、用户评价、曾获荣誉等作虚假或者引人误解的商业宣传，欺骗、误导消费者；经营者不得通过组织虚假交易等方式，帮助其他经营者进行虚假或者引人误解的商业宣传。三是行为情节严重，行为人的行为必须达到情节严重的程度才能构成本罪，关于虚假广告罪情节严重的规定散见于各类司法解释和规范性文件当中。

知识拓展

（一）虚假广告罪的立法沿革

1987 年 10 月 26 日颁布的《广告管理条例》首次将虚假广告行为列入刑事规制的层面，其中第 3 条规定，广告内容必须真实、健康、清晰、明白，不得以任何形式欺骗用户和消费者；第 18 条第 2 款规定，违反本条例规定，情节严重，构成犯罪的，由司法机关依法追究刑事责任。1994 年 10 月 27 日通过的《广告法》首次以法条的形式将虚假广告纳入法律的规制范围，对虚假广告的法律责任作出了较为详细的规定，但当时的《刑法》并没有针对该类犯罪行为的专门条款，因此在司法实践中一些情节严重的虚假广告行为常常被认定为诈骗等犯罪。1997 年 10 月 1 日起施行的《刑法》增加了虚假广告罪，首次明确将虚假广告罪作为一个独立的罪名规定在《刑法》之中。

（二）关于虚假广告的规定

《广告法》第 28 条规定，广告以虚假或者引人误解的内容欺骗、误导消费者的，构成虚假广告。广告有下列情形之一的，为虚假广告：（1）商品或者服务不存在的；（2）商品的性能、功能、产地、用途、质量、规格、成分、价格、生产者、有效期限、销售状况、曾获荣誉等信息，或者服务的内容、提供者、形式、质量、价格、销售状况、曾获荣誉等信息，以及与商品或者服务有关的允诺等信息与实际情况不符，对购买行为有实质性影响的；（3）使用虚构、伪造或者无法验证的科研成果、统计资料、调查结果、文摘、引用语等信息作证明材料的；（4）虚构使用商品或者接受服务的效果的；（5）以虚假或者引人误解的内容欺骗、误导消费者的其他情形。

（三）关于情节严重的规定

虽然我国《刑法》将情节严重作为虚假广告罪的入罪标准，但尚未对情节严重作出明确的解释，为此我们可以参照《最高人民检察院、公安部关于公安机关管辖的刑事案件立案追诉标准的规定（二）》第75条的规定，广告主、广告经营者、广告发布者违反国家规定，利用广告对商品或者服务作虚假宣传，涉嫌下列情形之一的，应予立案追诉：（1）违法所得数额在10万元以上的；（2）给单个消费者造成直接经济损失数额在5万元以上的，或者给多个消费者造成直接经济损失数额累计在20万元以上的；（3）假借预防、控制突发事件的名义，利用广告作虚假宣传，致使多人上当受骗，违法所得数额在3万元以上的；（4）虽未达到上述数额标准，但两年内因利用广告作虚假宣传，受过行政处罚二次以上，又利用广告作虚假宣传的；（5）造成人身伤残的；（6）其他情节严重的情形。

普法提示

随着市场经济的飞速发展，广告在社会经济中的作用越发明显，广告已经通过各种各样的形式渗透到人们工作和生活当中，影响着人们的消费习惯和生活方式。广告作为一种重要的信息传播媒介和商业营销手段，在沟通产销、引导消费、刺激需求、促进竞争等诸多方面发挥着重要的作用。然而一些不法商家和个人为了达到敛财的目的，却将其作为违法犯罪的工具，这种违背商业道德的行为不仅破坏了市场经济公平竞争、诚实守信的原则，同时也损害了消费者的合法权益。通过以上分析，针对虚假广告犯罪，从以下三个方面跟大家分享几点思考：

首先是增强法律意识，加强行业自律。一方面，企业应组织员工加强对《广告法》《反不正当竞争法》《消费者权益保护法》等法律法规以及典型案例的学习，明确广告行为的监管红线和法律底线，随着社会经济水平的提高以及法治建设的深入推进，企业利用虚假广告谋取非法利益的违法成本将会越来越高，因此要摒弃投机思维，切勿逾越法律的界限。另一方面，企业应引导员工不断提升诚信经营意识和职业道德修养，良好的诚信经营意识和职业道德修养不仅能够帮助企业提升社会公众形象，还能增加企业品牌的知名度和影响力，为企业进行免费的宣传。

其次是立足长远，肩负起社会责任。虚假广告所能够带来的经济效益只是短暂和片面的，但其带来的损害却是长久和全方位的。对于企业而言，虚假广告的制作和发布本身就需要投入一定的人力、物力和财力，但消除虚假广告对企业的不良影响却要付出更大的代价；对于社会而言，虚假广告不仅扰乱了正常的市场经济秩序，还损害了社会公共利益，造成了社会资源的极大浪费。因此，一个企业想要长远发展，在追求经济效益的同时，还必须肩负起更多的社会责任，只有经济效益和社会效益协调增长，企业才能立得住、行得远。

最后是加强内容审查，提高识别虚假广告的能力。在高额中介利润的诱惑下，一些广告经营者和广告发布者对于广告主所提供的广告往往只进行形式审查，不重视广告内容的本身，使得大量虚假信息流入市场，助长了虚假广告的滋生和蔓延。对于广告经营者和广告发布者而言，其对于广告宣传负有一定的审核义务，应对所承接的广告宣传项目尽心审慎调查，还应充分考虑到与之相关的社会群体和社会公共利益，尤其是涉及食品、药品、保健品等关乎公众生命健康的领域。

案例十四

单位犯合同诈骗罪的定罪量刑与预防

高畅[①]

案情回顾

情景一：A成立于1983年11月，公司经营范围是汽车配件、建筑材料、非金属矿产品销售、实业投资、国内贸易、出租客运等。2011年，为解决资金周转困难，A公司向深圳市兴业银行、光大银行、广发银行申请贷款，并将公司出租小汽车营运牌照质押给上述银行，已在深圳市交通运输委员会登记备案。2012年，陈某收购了该公司，成为A公司的实际控制人，负责公司所有事务。

2012年11月，因深圳市出租车管理政策发生变化，运营出租车需要在深圳市交通运输委员会客运交通管理局抽签。因此，部分出租车司机想到通过购买出租车牌照来解决这个问题。陈某了解到这些司机的需求后，决定将已经质押给银行的出租车牌照出售，用来偿还公司的银行贷款和民间借款。2012年12月至2014年8月，陈某与51名司机签订了《出租小汽车营运牌照转让合同》，约定将51套未设置任何质押或其他担保责任的出租小汽车营运牌照（已注明牌照号码）出让，六个月内办理过户手续。A公司共收取购牌款4840万元，其中3500万元用于偿还A公司、陈某的民间借款及银行贷款，其他1340万元用于缴纳A公司运营支出。

合同到期后，已付款的司机多次催促A公司履行合同，过户牌照。但牌照已经转让或质押，无法履行合同，2015年7月31日，A公司发布《关于牌主退款退牌承诺书》，承诺对提出退牌要求的牌主进行原额退款，半年内分期退完。并向司机支付第一期还款每人2万元人民币。2015年，司机决定

① 北京市第二中级人民法院刑二庭法官助理。

向公安机关报案，经公安机关调解后，A 公司与司机签订和解协议书，约定从 2015 年 10 月起分六个月逐月退还牌主购车款。2015 年 10 月深圳市公安局对此案予以立案。至 2018 年 6 月，A 公司共向司机退款人民币 3614 万元。至 2019 年 7 月，仍有 190 余万元尚未清退。

本案经一审、二审后，最终判决认定，A 公司犯合同诈骗罪，判处罚金人民币 400 万元；陈某犯合同诈骗罪，判处有期徒刑十年，并处罚金人民币 200 万元。

情景二：B 公司成立于 2010 年 10 月，叶某任法定代表人，2012 年 7 月，叶某将其股权全部转让给黎某，公司法定代表人变更为黎某。2014 年 6 月 26 日，岑某任公司法定代表人。B 公司的经营仍由黎某掌控，其是该公司投资人和实际控制人。

2014 年 6 月 27 日，B 公司在南雄市珠玑古巷动工兴建酒店、别墅，向建筑材料供应商采购水泥、砂石、粉煤灰等建筑原材料，之后 B 公司将上述建筑原材料搅拌成混凝土并出售给甲公司和乙公司等 B 公司发包工程的承建商。自 2014 年 6 月至 12 月，B 公司共向供应商采购了价值人民币 267 万元的原材料，搅拌成混凝土出售后，共收取了 392 万余元销售款。B 公司在收取了上述销售款后，并没有用于支付原材料款，而是将大部分款项转出公司账户并挪作他用，其中有 52.5 万元在黎某指使下转入其个人银行账户。B 公司只支付了 84 万余元的原材料款。经供应商多次催收，黎某指使公司财务人员向供应商开出空头支票，票面金额共计 60 万余元，并要求公司财务人员开出支票时，将支票的出票日期延后。支票到期后，当供应商持票到银行兑付时，均被告知出票人账户没钱，不能兑付。供应商找黎某要求现金支付货款时，都被黎某以各种理由推搪。之后，上述供应商再到 B 公司找黎某、岑某，黎某、岑某则均已逃离南雄市。B 公司还于 2014 年 10 月至 11 月间，分两次向丙公司开出共六张用于支付 122 万余元设计费的空头支票，当该公司财务人员到银行兑现支票时，却被通知账户没钱，不能承兑。之后，丙公司人员再也没有找到黎某，电话也打不通。

2014 年 10 月，B 公司因资金链断裂，停发 60 多名员工工资，园区工程的建筑工人也因承包商欠薪问题开始到南雄市人民政府上访。在没有履约能力的情况下，黎某与丁公司法定代表人商定后，B 公司仍于 2014 年 11 月 12 日与该公司签订了《绿化、园林、附属工程施工合同》。该合同是由公司实际控制人黎某决定后，加盖公司合同专用章和法定代表人岑某印章。按合同约定，丁公司向 B 公司交纳了 200 万元的履约保证金。B 公司在收到上述 200 万元后，黎某立即指使财务人员将这 200 万元履约保证金转离 B 公司账户，其中 80 万元转到了黎某的个人账户，余额部分挪作他用。按约定，双方在合同签订后三十日内，B 公司应通知丁公司进场施工，B 公司却一直没有履行合同。之后，丁公司多次要求 B 公司履行合同或退还保证金，却找不到黎某。B 公司至今没有将 200 万元的履约保证金退还给丁公司。

本案经一审、二审后，最终认定 B 公司犯合同诈骗罪，判处罚金人民币 40 万元；黎某犯合同诈骗罪，判处有期徒刑五年，并处罚金人民币 2 万元；岑某犯合同诈骗罪，判处有期徒刑二年，并处罚金人民币 1 万元。

法理分析

上述情景中 A 公司与陈某，B 公司与黎某、岑某构成的犯罪是合同诈骗罪。根据《刑法》第 224 条的规定，有下列情形之一，以非法占有为目的，在签订、履行合同过程中，骗取对方当事人财物，数额较大的，处三年以下有期徒刑或者拘役，并处或者单处罚金；数额巨大或者有其他严重情节的，处三年以上十年以下有期徒刑，并处罚金；数额特别巨大或者有其他特别严重情节的，处十年以上有期徒刑或者无期徒刑，并处罚金或者没收财产：（1）以虚构的单位或者冒用他人名义签订合同的；（2）以伪造、变造、作废的票据或者其他虚假的产权证明作担保的；（3）没有实际履行能力，以先履行小额合同或者部分履行合同的方法，诱骗对方当事人继续签订和履行合同的；（4）收受对方当事人给付的货物、货款、预付款或者担保财产后逃匿的；（5）以其他方法骗取对方当事人财物的。在以上两个情景中，A 公司与陈某，B 公司与黎某、岑某均符合合同诈骗罪的构成要件，接下来本文将对单位构成合同诈骗罪的要件进一步详细分析。

（一）犯罪主体

不同于诈骗罪的主体只能是自然人，合同诈骗罪的主体自然人或单位均可构成。合同诈骗罪作为诈骗罪的特殊表现形式，其主体必须是市场经济行为的参与者，也就是签订合同的一方。单位，尤其是民营企业，每天都在签订大量的合同，是市场经济的基本组成元素，因此可以成为合同诈骗罪的犯罪主体。构成合同诈骗罪的单位，根据《最高人民法院关于审理单位犯罪案件具体应用法律有关问题的解释》，既包括国有、集体所有的公司、企业、事业单位，也包括依法设立的合资经营、合作经营企业和具有法人资格的独资、私营等公司、企业、事业单位。

（二）犯罪主观要件

合同诈骗罪要求行为人主观上有直接故意，即在签订合同或者履行合同的过程中，必须具有非法占有他人财产的主观故意。

（三）犯罪客体

本罪所侵犯的犯罪客体为双重客体，既侵犯了他人的财产权益，也扰乱了国家正常的市场经济秩序，而且从将合同诈骗罪规定在《刑法》分则第三章第八节的“扰乱市场秩序罪”中可以看出，对正常市场秩序的侵犯是其主要的危害特征。

（四）犯罪客观要件

《刑法》关于本罪的罪状表述中，总共归纳了实践中可能出现的四种不同的合同诈骗罪表现形式。单位犯本罪的，一般主要有三种表现情形。本文也通过两个具体的情景来让大家更便于理解这三种情形。第一种情形是，没有实际履行能力，以先履行小额合同或者部分履行合同的方法，诱骗对方当事人继续签订和履行合同的，对应情景一。A 公司及实际控制人，在明知本公司的小汽车牌照全部被质押或者不得转让的前提下，与他人签订汽车牌照转让合同，先让渡牌照的使用权，部分履行合同，诱骗被害人继续履行合同，符合合同诈骗罪的客观表现形式。第二种情形是，以伪造、变造、作废的票据或者其他虚假的产权证明作担保的，对应情景二中的第一起犯罪事实。B公司在供应商和设计公司向其提供货物或服务后，不履行自己本应承担的付款义务，而向供应商和设计公司开具空头支票，伪造虚假的票据作为担保，也应当认定为构成合同诈骗罪。第三种情形是，收受对方当事人给付的货物、货款、预付款或者担保财产后逃匿的，对应情景二中的第二起犯罪事实。B公司收取丁公司的履约保证金后，公司实际控制人和法定代表人双双失联，符合合同诈骗罪的第三种表现形式。

综上，A公司与陈某，B公司与黎某、岑某的行为均符合合同诈骗罪的构成要件，他们的行为已构成合同诈骗罪。接下来，笔者将针对合同诈骗罪在实践中的一些难点为大家予以详细说明。

知识拓展

（一）合同诈骗与民事欺诈的区别

民事欺诈与合同诈骗之间最大的区别就在于行为人本身是否具有非法占有目的。在现阶段，我国理论界对于非法占有目的的实质内涵尚不存在定论，司法实践中的常见做法，是根据实务经验中金融诈骗罪行为人常见的行为模式予以归纳总结，将实体难以解决的问题转化为程序性证明问题，从而拟推出行为人是否具有非法占有目的。根据《全国法院审理金融犯罪案件工作座谈会纪要》的规定，只要行为人具有下列几种情形就可以认定具有非法占有目的：（1）明知没有归还能力而大量骗取资金的；（2）非法获取资金后逃跑的；（3）肆意挥霍骗取资金的；（4）使用骗取的资金进行违法犯罪活动的；（5）抽逃、转移资金、隐匿财产，以逃避返还资金的；（6）隐匿、销毁账目，或者搞假破产、假倒闭，以逃避返还资金的；（7）其他非法占有资金、拒不返还的行为。

但在具体操作过程中，上述形式推定要素与欺诈行为的区别难以把握。行为人用欺骗行为获取财产经常被直接认定为具有非法占有目的。然而，在市场交易活动中，为获得资金流量，虚构事实骗用资金或未按照约定使用资金的情形是客观存在的。这种对资金的“骗用”行为，在行为人不具有非法占有目的的前提下，只能视为民事欺诈行为，不能用刑法对其进行评价。

（二）合同诈骗罪中的“合同”范围

根据《民法典》第464条第1款的规定，合同是民事主体之间设立、变更、终止民事法律关系的协议。目前，我国《民法典》合同编中规定的大部分合同都属于经济合同，即平等主体之间签订、履行的，以财产关系为内容的，权利义务对等的经济合同。[①] 合同诈骗罪中规定的“合同”即指这种合同。合同法律规定之外还存在其他类型的合同，这些合同中不包含经济往来的内容。例如，以人身属性为依附的劳动合同，与身份关系相关联的收养合同，主体地位不对等的行政合同，以及权利义务不对等的无偿合同等。上述合同均属于非经济合同，行为人利用非经济合同实施诈骗行为的，不应认定为合同诈骗罪。

合同诈骗罪中的合同形式，既可以书面形式签订，也可以口头形式作出约定。根据最高人民法院刑事指导案例第308号宋某明合同诈骗案和第875号郭某飞合同诈骗案中，认定合同诈骗罪的主要理由是，“口头合同与书面合同均为合法有效合同，同样受到法律的保护，在界定合同诈骗罪的合同范围时，不应拘泥于合同的形式，在有证据证明确实存在合同关系的情况下，即便是口头合同，只要发生在生产经营领域，侵犯了市场秩序的，同样应以合同诈骗罪定罪处罚”。

（三）单位犯合同诈骗罪的处罚

单位犯合同诈骗罪属于单位犯罪，处罚原则为双罚制。根据《刑法》的

---

① 钱青峰：《浅论合同诈骗罪与诈骗罪的区别》，载《法制与社会》2019年10月。

相关规定，单位犯本罪的，骗取对方当事人财物，数额较大的，对单位判处罚金，并对直接负责的主管人员和其他责任人员处三年以下有期徒刑或者拘役，并处或者单处罚金；数额巨大或者有其他严重情节的，对单位判处罚金，并对直接负责的主管人员和其他责任人员处三年以上十年以下有期徒刑，并处罚金；数额特别巨大或者有其他特别严重情节的，对单位判处罚金，并对直接负责的主管人员和其他责任人员处十年以上有期徒刑或者无期徒刑，并处罚金或者没收财产。

现阶段，我国《刑法》及相关司法解释对于合同诈骗罪的“数额较大”“数额巨大”“数额特别巨大”的量刑情节并没有统一的标准，均由各省市根据当地经济状况决定，具体以各省、直辖市法院出台的相关量刑指导意见为依据。下面以山东省的认定标准为例，以供参考：单位犯本罪的，犯罪数额较大的起点为 10 万元，对单位直接负责的主管人员和其他责任人员判处三年以下有期徒刑或者拘役；单位犯本罪的，犯罪数额巨大的起点为 100 万元，或者犯罪数额达到 80 万元不满 100 万元但有其他严重情节的，对单位直接负责的主管人员和其他责任人员判处三年以上十年以下有期徒刑；单位犯本罪的，犯罪数额特别巨大的起点为 400 万元，或者犯罪数额达到 320 万元不满 400 万元但有其他严重情节的，对单位直接负责的主管人员和其他责任人员判处十年以上有期徒刑或者无期徒刑。[①]

普法提示

合同诈骗作为一种普遍存在的社会现象，在现代社会市场经济行为中屡见不鲜。究其原因主要有以下三点：一是合同诈骗罪具有较强的隐蔽性和欺骗性，本罪经常与民事欺诈、经济纠纷交织在一起，难以直接发现；二是市场上很多民营企业法律防范风险意识不足，签订合同过于随意；三是有关部

---

① 参见《山东省高级人民法院关于常见犯罪的量刑指导意见（二）（试行）》，2017 年 11 月 2 日实施。

门对市场主体的资格审查和对市场交易行为的监督也不够严格，对于某些较轻微的违规行为处罚力度不够。

目前，各省、直辖市针对合同诈骗罪的具体量刑标准纷纷出台，体现出各省、直辖市司法机关严厉打击及惩治合同诈骗犯罪的决心。同时，企业也应意识到只有提高防范意识，从根本上加强对该类案件的预防，才能避免成为合同诈骗罪的受害者，降低企业经营风险。预防合同诈骗，必须提高法律风险意识，在签订合同的过程中要注意以下几方面：

1. 在合同签订过程中认真调查对方有无履行合同的能力。在签订合同之前，详细调查对手公司的基本情况，如公司的营业情况，设备、技术条件，债务情况等信息。同时委托专业人士向有关部门核实合同相对方的企业公开信息，认真核对对手公司提供的有关文件、材料，防止对方利用假单位、假身份、假证件、假货源进行诈骗。

2. 签订合同详细审查合同条款。在签订合同的时候，还要注意认真审查合同的条款，合同约定的权利义务是否明确，看是否与双方协商的一致，是否存在霸王条款，是否存在损害自身利益的条款，如有发现应及时要求对方更改或重新订立合同，条款不明的合同不能签。

3. 加强企业内部管理，增强风险防范意识。加强企业内部管理，完善管理制度，对合同签订采取严格制度，统一规范合同流程；在条件允许的情况下，设立法律风险防控岗位；培养员工的职业素质和防范能力，避免合同诈骗案件的发生。

案例十五

非法经营的罪与罚

王芊雯①

案情回顾

（一）基本案情

2015年，被告人朱某宝、汤某兰、孟某伟、许某霆出资成立北京前程酒店有限公司。2016年7月至2017年间，为扩大营收，四被告人决定租用张某勇的烟草零售专卖许可证，在酒店一层经营烟草。其中，从烟草专卖局购进卷烟价值共计人民币18万余元。2016年1月26日，北京市公安局西城分局民警在该店内将被告人朱某宝抓获，并当场查获真品卷烟194条，价值人民币13700余元。同日，其他被告人主动到公安机关投案。

（二）审理过程

北京市某中级人民法院认为，被告人朱某宝等人违反国家规定，在未经许可的情况下，经营法律、行政法规规定的专营、专卖物品，情节严重，破坏了市场管理秩序，已构成非法经营罪，且系共同犯罪，应予惩处。遂对被告人朱某宝等人判处有期徒刑一年六个月至三年。

朱某宝等人的烟草制品是从正规烟草公司购进，系真烟，没有导致国家税款流失，也未损害消费者利益，是否具有刑事违法性呢？

法理分析

本案中，朱某宝等人租用他人烟草专卖零售许可证擅自经营烟草制品，

---

① 北京市第二中级人民法院刑二庭法官助理。

其行为所触犯的罪名是非法经营罪。根据《刑法》第 225 条的规定，非法经营罪是指违反国家规定，从事非法经营活动，情节严重的行为。

非法经营罪的认定主要包括以下几个方面：

1. 非法经营罪属于《刑法》分则第三章“破坏社会主义市场经济秩序罪”中的“扰乱市场秩序罪”，本罪要保护的法益是“社会主义市场经济秩序”，本罪的客体也就是市场管理秩序。

2. 非法经营罪的客观表现主要为以下几个方面：（1）未经许可经营法律、行政法规规定的专营、专卖物品或者其他限制买卖的物品的；（2）买卖进出口许可证、进出口原产地证明以及其他法律、行政法规规定的经营许可证或者批准文件的；（3）未经国家有关主管部门批准非法经营证券、期货、保险业务的，或者非法从事资金支付结算业务的；（4）其他严重扰乱市场秩序的非法经营行为。认定非法经营罪时，注意不能对“其他严重扰乱市场秩序的非法经营行为”随意扩张解释，否则势必会形成与原“投机倒把罪”类似的“口袋罪”。为了避免出现各地对该项规定的理解和适用上的随意性，笔者认为，认定“其他严重扰乱市场秩序的非法经营行为”，应当以立法或者司法解释为准。

3. 非法经营罪的主体为一般主体，自然人和单位均可构成。

4. 本罪主观方面为故意。

本案中，朱某宝等人租用他人烟草专卖零售许可证的行为，虽然所进烟草制品是从烟草公司购进，来源于正当渠道，且形式上取得了烟草经营证照，但因未经烟草专卖行政主管部门的法定审查批准程序，形成程序违法，其行为方式更隐蔽，侵害了国家烟草行业的市场专营秩序，仍然属于一种未经许可的非法经营行为。

知识拓展

（一）违反国家规定

《刑法》第 96 条规定：“本法所称违反国家规定，是指违反全国人民代表大会及其常务委员会制定的法律和决定，国务院制定的行政法规、规定的行政措施、发布的决定和命令。”全国人民代表大会及其常务委员会制定的法律和决定包括由全国人民代表大会通过的法律，如宪法及其他基本法律，由全国人大常委会通过的法律、决定以及对现行法律的修改和补充的决定；国务院制定的行政法规、规定的行政措施、发布的决定和命令包括由国务院直属的有关部委制定，经国务院批准并以国务院名义发布的决定和命令。值得注意的是，地方各级人民代表大会及其常务委员会制定的地方性法规以及国务院各部委制定的规章和发布的决定和命令都不属于本法所指的国家规定。

（二）非法经营的类型

1.“未经许可经营商品”型的非法经营行为：该类型主要是指《刑法》第225条第1项之行为。

（1）“许可”是指特定行政主管部门颁发的特定经营行为或者经营对象的行政许可，不包括国家工商行政管理部门颁发的普遍适用于一切经营主体的营业执照。“未经许可”是指公民、法人或者其他组织未向行政机关申请，行政机关未对其授权而从事特定活动的行为。

（2）法律、行政法规规定的专营、专卖物品或者其他限制买卖的物品主要包括哪些？专营、专卖的物品是指国家法律、行政法规明确规定必须由国家主管部门确定的机构进行经营、买卖的物品，主要包括食盐、烟草、金银、麻醉物品等；其他限制买卖的物品是指国家根据经济发展和维护国家、社会和人民群众利益的需要，规定在一定时期实行限制性经营的重要生产资料、紧俏生活用品等物品，一般包括煤炭、原油、成品油以及其他贵重金属等。

2.“买卖许可证或批准文件”型的非法经营行为：该类型主要是指《刑法》第225条第2项之行为。

（1）买卖进出口许可证或进出口原产地证明

进出口许可证制度，是指国家禁止和控制进出口的货物要按照规定从国家指定的机关领取进出口许可证，没有许可证的不准进出口。进出口原产地证明，是指对于进出口商品的原产地、产品来源处或出处加以确认的证明。

根据《对外贸易法》第16条之规定，国家基于下列原因，可以限制或者禁止有关货物、技术的进口或者出口：①为维护国家安全、社会公共利益或者公共道德，需要限制或者禁止进口或者出口的；②为保护人的健康或者安全，保护动物、植物的生命或者健康，保护环境，需要限制或者禁止进口或者出口的；③为实施与黄金或者白银进出口有关的措施，需要限制或者禁止进口或者出口的；④国内供应短缺或者为有效保护可能用竭的自然资源，需要限制或者禁止出口的；⑤输往国家或者地区的市场容量有限，需要限制出口的；⑥出口经营秩序出现严重混乱，需要限制出口的；⑦为建立或者加快建立国内特定产业，需要限制进口的；⑧对任何形式的农业、牧业、渔业产品有必要限制进口的；⑨为保障国家国际金融地位和国际收支平衡，需要限制进口的；⑩依照法律、行政法规的规定，其他需要限制或者禁止进口或者出口的；⑪ 根据我国缔结或者参加的国际条约、协定的规定，其他需要限制或者禁止进口或者出口的。

根据《对外贸易法》第19条之规定，国家对限制进口或者出口的货物，实行配额、许可证等方式管理；对限制进口或者出口的技术，实行许可证管理。

（2）其他“经营许可证”型的非法经营行为

除进出口许可证制度外，我国目前的经营许可证还包括：①各种调整经济生活的许可证制度。主要包括工商企业许可证制度、个体经营许可证制度、外商投资企业许可证制度、工业产品许可证制度、专利许可证制度及商标许可证制度。②有关医药卫生和文化出版的许可证制度。主要包括医药卫生许可证制度、书报刊许可证制度、演出许可证制度、考古许可证制度等。③有关公共安全和公共秩序的许可证制度。主要包括枪支、刀具管理工作中的许可证制度、民用爆炸物品管理工作中的许可证制度、化学及放射性危险物品管理工作中的许可证制度、道路交通和水路运输管理工作中的许可证制度等。④有关自然资源和生态环境保护的许可证制度。主要包括森林采伐许可证制度、矿产资源开发许可证制度、渔业捕捞许可证制度、野生动物狩猎许可证制度、排污许可证制度等。⑤土地使用和城乡建设中的许可证制度。主要包括固定资产投资许可证制度、规划许可证制度、建设用地许可证制度、有关房屋的许可证制度等。

3. “未经批准经营特许业务”型的非法经营行为：该类型主要是指《刑法》第225条第3项之行为。

（1）未经批准非法经营证券、期货或者保险业务

①非法经营证券业务的问题。从证券法律法规规定来看，证券业务主要包括证券核心业务和证券外延业务，核心业务包括证券承销、证券自营、证券经纪等；外延业务主要是除核心业务之外围绕证券发行、交易所产生的业务，如证券投资咨询、财务顾问、资产管理等。我国证券市场实行证券业务许可证管理制度，只有经过国务院证券监督管理机构批准的证券公司才能经营证券业务，其他任何单位和个人均不得经营证券业务。在未经批准的情况下，从事上述各类证券核心或外延业务，都是违反国家规定非法经营证券业务的行为，构成非法经营罪。

②非法经营期货业务的问题。《期货交易管理条例》第4条规定，期货交易应当在期货交易所、国务院批准的或者国务院期货监督管理机构批准的其他交易场所进行。禁止在上述规定的期货交易场所之外进行期货交易。未经国务院期货监督管理机构批准，任何单位或者个人不得设立或者变相设立期货公司，经营期货业务。

③非法经营保险业务的问题。《保险法》规定，经营商业保险业务，必须是依照该法设立的保险公司，其他单位和个人不得经营商业保险业务。

（2）未经批准非法从事资金支付结算业务

资金支付结算业务，是指通过银行账户的资金转移所实现收付的行为，即银行接受客户委托代收代付，从付款单位存款账户划出款项，转入收款单位存款账户，以此完成客户之间债权债务的清算或资金的调拨。

我国对资金支付结算业务采取资格审批制度。根据2019年1月31日《最高人民法院、最高人民检察院关于办理非法从事资金支付结算业务、非法买卖外汇刑事案件适用法律若干问题的解释》第1条之规定，具有以下情形之

一的可认为是“非法从事资金支付结算业务”：①使用受理终端或者网络支付接口等方法，以虚构交易、虚开价格、交易退款等非法方式向指定付款方支付货币资金的；②非法为他人提供单位银行结算账户套现或者单位银行结算账户转个人账户服务的；③非法为他人提供支票套现服务的；④其他非法从事资金支付结算业务的情形。

4.“其他严重扰乱市场秩序”的非法经营行为。

单行刑法和有关司法解释明确规定的非法经营行为包括以下几种。

（1）非法买卖外汇的行为

根据《全国人民代表大会常务委员会关于惩治骗购外汇、逃汇和非法买卖外汇犯罪的决定》第 4 条的规定，在国家规定的交易场所以外非法买卖外汇，扰乱市场秩序，情节严重的，依照《刑法》第 225 条的规定定罪处罚。根据 2019 年 1 月 31 日《最高人民法院、最高人民检察院关于办理非法从事资金支付结算业务、非法买卖外汇刑事案件适用法律若干问题的解释》第 2 条之规定，违反国家规定，实施倒买倒卖外汇或者变相买卖外汇等非法买卖外汇行为，扰乱金融市场秩序，情节严重的，依照《刑法》第 225 条第 4 项的规定，以非法经营罪定罪处罚。

（2）非法出版的行为

我国对出版行业实行审批制度。根据《最高人民法院关于审理非法出版物刑事案件具体应用法律若干问题的解释》第 11 条规定，违反国家规定，出版、印刷、复制、发行该司法解释第 1 条至第 10 条规定以外的其他严重危害社会秩序和扰乱市场秩序的非法出版物，情节严重的，以非法经营罪定罪处罚。第 15 条规定，非法从事出版物的出版、印刷、复制、发行业务，严重扰乱市场秩序，情节特别严重，构成犯罪的，以非法经营罪定罪处罚。

（3）非法经营电信业务的行为

电信在我国属于管制行业。根据《最高人民法院关于审理扰乱电信市场管理秩序案件具体应用法律若干问题的解释》第 1 条规定，违反国家规定，采取租用国际专线、私设转接设备或者其他方法，擅自经营国际电信业务或者涉港澳台电信业务进行营利活动，扰乱电信市场管理秩序，情节严重的，依照《刑法》第225条第4项的规定，以非法经营罪定罪处罚。

（4）生产、销售、使用禁止在饲料和动物饮用水中使用的药品的行为

根据《最高人民法院、最高人民检察院关于办理生产、销售、使用禁止在饲料和动物饮用水中使用的药品等刑事案件具体应用法律若干问题的解释》第2条规定，在生产、销售的饲料中添加盐酸克仑特罗等禁止在饲料和动物饮用水中使用的药品，或者销售明知是添加有该类药品的饲料，情节严重的，依照《刑法》第225条第4项的规定，以非法经营罪追究刑事责任。

（5）擅自发行、销售彩票的行为

我国对于彩票的发行和销售实行审批制度。根据《国务院关于加强彩票市场管理的通知》，规定彩票发行的审批权集中在国务院，任何地方和部门均无权批准发行彩票。根据《彩票管理条例》第3条的规定，国务院特许发行福利彩票、体育彩票。未经国务院特许，禁止发行其他彩票。禁止在中华人民共和国境内发行、销售境外彩票。根据《最高人民法院、最高人民检察院关于办理赌博刑事案件具体应用法律若干问题的解释》第6条规定，未经国家批准擅自发行、销售彩票，构成犯罪的，依照《刑法》第225条第4项的规定，以非法经营罪定罪处罚。

普法提示

在实践中，个体经营烟酒的店铺转让十分频繁。许多小商贩店主对此不以为然，认为只要没有销售假烟，没有偷税漏税，其行为就没有扰乱烟草经营市场秩序和损害国家的财政收入，就不算违法，即使被发现最多也就是被吊销证照，罚点钱。事实上，国家对烟草等物品实施专营或限制性经营，未经法定审查批准程序，均属于无证经营行为。另外，值得注意的是不仅是租用烟草经营许可证的行为，出租或出借烟草经营许可证的行为一样构成非法经营罪的共犯。再次提醒大家，任何个人和企业必须在申领烟草专卖零售许可证的情况下，才能从事烟草专卖零售业务，不要为了挣钱把前途搭上。

第三章

侵犯财产罪

案例一

诈骗的罪与罚

周耀[1]

案情回顾

（一）基本案情

1. 被告人黄某琳伙同付某良、付某林、付某涛、高某共计骗取某化工集团 3900 万元

黄某琳、付某林、付某涛均为部队转业人员，其中付某林原系某部队后勤部副部长。付某良为陕西籍农民，在高某的公司担任副总经理并缴纳社保，与付某涛系叔侄关系。黄某琳谎称在国家重要部门工作，有特殊关系和政治背景。付某良冒充国家安全部下属单位“国家互联网信息办”副部级领导。付某林在老乡聚会中认识付某良，通过在国家安全机关工作的战友核实付某良的身份，发现国家安全部无该部级领导。付某涛平日穿军装作为付某良司机，称付某良为部长或首长；高某对外也称付某良为部长，自称部长助理。

2015 年 3 月，某化工集团因财务问题股票在香港停牌。该集团副总经理张某龙通过民警尹某找关系帮助股票复牌。尹某向张某龙介绍了黄某琳，黄某琳又通过付某林将付某良引荐给张某龙，付某良找到付某涛、高某从旁协助。黄某琳等五人谎称能够协调国家安全部出具某化工集团问题涉及国家机密的证明文件，帮助该集团股票在香港复牌，以需要办事费等为名共计骗取该集团 3900 万元。

2. 被告人黄某琳伙同杨某民共计骗取某化工集团 1 亿余元和奥迪 A8 汽车一辆

杨某民原为江西省吉安县公务员，退休后在京成立空壳公司，冒充国家

---

① 北京市第二中级人民法院刑二庭法官。

安全部副部长，网罗耿某、龙某等原国家公职人员。黄某琳通过付某良“帮助”某化工集团股票在香港复牌未果，又通过成某（在逃）将冒充国家全部副部长的杨某民引荐给张某龙。黄某琳、杨某民带着耿某、龙某等到某化工集团考察，龙某还向张某龙出具了离休前的工作证件。杨某民借助耿某、龙某的身份取得张某龙的信任，谎称可以将某化工集团包装成国家安全部托管企业从而帮助该集团股票复牌，以需要办事费等为名共计骗取该集团1亿余元和奥迪A8汽车一辆。

（二）审理过程

2018年12月，北京市某中级人民法院认为被告人杨某民、付某良、黄某琳、付某林、付某涛、高某以非法占有为目的，虚构事实、隐瞒真相，单独或结伙诈骗他人财物，六人的行为均已构成诈骗罪，且诈骗数额特别巨大，依法均应予惩处，并作出如下判决：一、被告人杨某民犯诈骗罪，判处无期徒刑，剥夺政治权利终身，并处没收个人全部财产。二、被告人付某良犯诈骗罪，判处无期徒刑，剥夺政治权利终身，并处没收个人全部财产。三、被告人黄某琳犯诈骗罪，判处无期徒刑，剥夺政治权利终身，并处没收个人全部财产。四、被告人付某林犯诈骗罪，判处有期徒刑六年，并处罚金人民币6000元。五、被告人付某涛犯诈骗罪，判处有期徒刑五年，并处罚金人民币5000元。六、被告人高某犯诈骗罪，判处有期徒刑三年，缓刑五年，并处罚金人民币3000元。宣判后，杨某民、付某良、黄某琳、付某林、付某涛不服提出上诉，北京市高级人民法院驳回上诉，维持原判。

法理分析

（一）诈骗罪之主客观要件

诈骗罪的犯罪主体只能是自然人，单位不能成为诈骗罪的犯罪主体。该罪侵犯的法益为公私财产所有权。除此之外，构成本罪还需要同时具备以下主观和客观要件：

1. 诈骗罪要求被告人在主观上具有非法占有他人财物的犯罪故意。犯罪主观故意是一种见之于客观行为的主观心态，它产生于犯罪前或犯罪过程中，又可在后续行为中得到印证。判定被告人是否具有非法占有他人财物的主观故意，应综合考量被告人取得财物的手段、取得财物如何处置、是否具有归还能力等。需要注意的是，在共同诈骗犯罪中，对非法占有他人财物的主观故意不应局限于自己非法占有，帮助他人非法占有亦应认定具备诈骗罪的犯罪主观故意。

2. 诈骗罪还要求被告人在客观上实施了虚构事实、隐瞒真相骗取他人数额较大款物的行为。常见的虚构事实、隐瞒真相的行为表现为虚构特殊身份、夸大办事能力、虚构资金用途等，以此取得被害人的信任，诱使被害人自愿将财物交给被告人占有。

关于诈骗罪之数额标准，《最高人民法院、最高人民检察院关于办理诈骗刑事案件具体应用法律若干问题的解释》（以下简称《诈骗解释》）第1条规定："诈骗公私财物价值三千元至一万元以上、三万元至十万元以上、五十万元以上的，应当分别认定为刑法第二百六十六条规定的'数额较大'、'数额巨大'、'数额特别巨大'……"各省、自治区、直辖市因经济社会发展状况存在差异，具体数额标准存在不同。以北京地区为例，数额较大、数额巨大、数额特别巨大标准分别为5000元、10万元、50万元。需要注意的是，在案发前归还的数额不计入诈骗犯罪数额。

（二）犯罪情节是诈骗罪重要的量刑标准

《诈骗解释》第2条规定，诈骗罪中下列情形应在量刑时酌情从严惩处：（1）通过发送短信、拨打电话或者利用互联网、广播电视、报刊杂志等发布虚假信息，对不特定多数人实施诈骗的；（2）诈骗救灾、抢险、防汛、优抚、扶贫、移民、救济、医疗款物的；（3）以赈灾募捐名义实施诈骗的；（4）诈骗残疾人、老年人或者丧失劳动能力人的财物的；（5）造成被害人自杀、精神失常或者其他严重后果的。另外，诈骗数额接近"数额巨大""数额特别巨大”的标准，并具有上述情形之一或者属于诈骗集团首要分子的，应当分别认定为《刑法》第266条规定的“其他严重情节”“其他特别严重情节”，分别在“三年以上十年以下有期徒刑，并处罚金”“十年以上有期徒刑或者无期徒刑，并处罚金或者没收财产”幅度内量刑。

（三）诈骗罪与招摇撞骗罪竞合的处理

被告人冒充国家机关工作人员实施诈骗同时触犯诈骗罪和招摇撞骗罪，根据《诈骗解释》第8条的规定：“冒充国家机关工作人员进行诈骗，同时构成诈骗罪和招摇撞骗罪的，依照处罚较重的规定定罪处罚。”从《刑法》对诈骗罪、招摇撞骗罪的规定看，结合本案黄某琳等人的行为，诈骗罪法定最高刑为无期徒刑，同时规定并处罚金或没收财产，而招摇撞骗罪法定最高刑为有期徒刑十年，不并处财产刑。按照诈骗罪处罚显然较重，故应认定六人均应构成诈骗罪。

知识拓展

某化工集团作为上市民营企业，被黄某琳等人精心策划的骗局骗取价值1.4亿余元的款物。通过对该个案骗局形成的深入解析，有助于发掘民营企业屡遭“官骗”的深层原因和警示教育意义。结合本案，可以发现某化工集团被骗巨额款物至少有以下原因。

1. 企业试图以“非常”手段解决经营问题

当前法治社会仍然存在如下不良社会风气，部分人迷信黑白之间存在极为广阔的权力灰色空间，可以借助“非常”手段实现个人目的。这就成为滋生冒充国家机关工作人员实施诈骗犯罪的温床，人们迷信的深度与诈骗犯罪实施空间的广度成正比，由此造就此类常见俗称“官骗”的特殊诈骗犯罪形态。结合本案，股票停牌、复牌本应取决于公司的股权结构、经营行为合规程度、财务状况等是否符合证券法律法规设定的条件。某化工集团股票被停牌后，该集团经营决策人张某龙试图通过国家安全机关出具经营问题涉及国家机密的证明文件或者将该集团包装成为国家安全机关托管企业实现股票复牌，该行为不仅严重违反证券法律法规，且为黄某琳等人实施诈骗犯罪创造了机会。

2. 在职或离退休公职人员充当掮客或成为诈骗犯罪有力助推

本案诈骗犯罪的最初一环为民警尹某为黄某琳、张某龙牵线搭桥。打击犯罪本为民警的天职，尹某不仅未能依法正确履职，反而轻易将诈骗犯黄某琳推荐给了张某龙，构建起张某龙对黄某琳虚假身份和办事能力最初的信任，为此后黄某琳等人诈骗犯罪的层层展开奠定了坚实的基础。耿某为退休国家公职人员，龙某虽已自主择业，但人事关系仍保留在国家机关，持有国家机关工作证件。杨某民聘请二人为公司顾问，借二人真实身份掩护杨某民在外冒充国家安全部副部长。结合龙某的证言，其对杨某民虚构身份的行为是明知的。耿某、龙某跟随杨某民到某化工集团考察，成为杨某民虚构的国家安全部副部长身份最好的“证明”，在黄某琳介绍之外进一步强化了张某龙对杨某民虚假身份的信任，成为杨某民实施诈骗犯罪的有力助推。

3. 部分民营企业轻视法务工作

某化工集团作为较大民营上市公司，不仅有专职企业法务团队，还有外聘专业律师。在通过黄某琳等人“帮助”股票复牌过程中，集团经营决策人张某龙等人并未重视并充分发挥法务人员在维护企业合法权益中的重要作用。黄某琳等人营造的骗局并非天衣无缝反而漏洞百出，例如：国家互联网信息办是在国务院新闻办上加挂牌子而非隶属于国家安全部，政务信息公示领导人中并无付某良其人；付某良虚构副部级领导人身份，却在高某经营的公司缴纳社保。如能重视法务人员在企业风控中的作用，可发现上述骗局的漏洞并引起足够的警惕，避免损失发生或及时止损。本案企业法务人员介入已是案件进入司法程序之后，错过了通过前期调查防损止损和证据保全的最好时机。

4. 诈骗犯之间心照不宣的“默契”

本案虽为团伙犯罪，但除付某良与付某涛是叔侄关系外，其余被告人之间此前并不熟悉甚至根本就不认识。例如：黄某琳找到仅有数面之缘的付某林，付某林找到饭局上结识的大哥付某良，付某良最终找到付某涛、高某帮忙。案发后，付某良、付某涛虚构身份无可辩驳，黄某琳辩称基于对付某林的信任被付某良所骗，付某林、高某也辩称被付某良所骗。这种信任的背后毫无根据，且付某林曾通过他人查证付某良的虚假身份，付某良在高某的公司任职并缴纳社保亦足以引起高某对付某良虚构国家安全部下属单位副部级身份的高度怀疑。黄某琳、付某林、高某均不在意付某良的真实身份和办事能力，背后隐藏的是彼此心照不宣从诈骗犯罪中分得巨额经济利益的高度“默契”。整个诈骗犯罪看似互相转介绍，基于相同非法占有他人钱款之目的，被告人行为之间彼此衔接又互相配合、掩饰，最终骗得某化工集团巨额钱款。黄某琳从中分得1000万元用于归还个人债务和生活支出。付某良将骗得的2900万元中的100万元留给付某林作为好处费，剩余钱款转移至高某公司。高某收款后将部分款项转至付某良亲属账户，部分以借为名被高某个人占有、支配。黄某琳伙同杨某民诈骗某化工集团巨额款物亦是如此，不再赘述。

普法提示

结合对个案成因的解析，防范此类“官骗”应从以下几个方面着手。

1. 破除权力迷信，树立合法经营意识

当前国家正积极采取各种举措保护民营经济，为民营企业经营发展营造良好的法治环境。与此同时，也要求包括民营企业在内的全社会破除权力迷信，牢固树立合法经营意识。与国有或国有控股企业相比，民营资产缺少国有资产监督管理机关的公权力监管环节，款物支出随意性相对较大。企业出现经营问题时，民营企业经营者、决策人如果迷信权力，试图采用不正当手段解决企业经营问题，对假冒国家机关工作人员者编织的谎言又深信不疑，将给不法分子留下可乘之机。面对经营问题，保持冷静理性，消除权力崇拜，通过合法途径解决经营问题，才能从自身上防范“官骗”。

2. 加强对在职及离退休国家工作人员的管理

《公务员法》要求国家公职人员模范遵守、自觉维护宪法和法律，按照规定的权限和程序履行职责。公职人员应当忠于职守、勤勉尽责，既不利用职务之便为自己或者他人谋取私利，更不应沦为权力的掮客为违法犯罪分子牵线搭桥，由此才能从根本上为企业经营营造风清气正的良好社会生态，消除“官骗”滋生的土壤环境。

从黄某琳等六人诈骗案来看，也有极少数离退休干部背离革命本色，成为犯罪分子诈骗财物的工具。各单位离退休干部管理部门应深入贯彻《中共中央办公厅、国务院办公厅关于进一步加强和改进离退休干部工作的意见》精神，“教育引导广大离退休干部和党员始终保持公仆本色，始终牢记党员身份”，防止离退休人员利用原公职身份参与犯罪或被犯罪分子利用。

3. 重视民营企业法务工作

国家为民营企业营造良好法治环境的同时，也要求民营企业重视企业法务工作，从而规避、化解经营风险。从审理包括某化工集团被骗案等刑事案件中可以发现，部分民营企业将法务工作重心放在损失发生后委派法务人员参加诉讼上。然而，诈骗案件中被告人将所骗巨额款物挥霍、转移才是常态。某化工集团被骗后通过司法机关查封、冻结工作挽损比例不足20%，该集团遭受巨额直接经济损失的同时，股票复牌工作亦被长期搁置。民营企业重视企业法务，转移法务工作重心，对化解企业经营风险尤为重要，事前防范的作用应远大于事后挽损。

4. 熟悉常规反诈手段

诈骗犯以非法占有他人财物为直接目的，民营企业是诈骗犯重要的作案目标，熟悉常规防诈、反诈手段，有助于维护企业合法权益。通过个案审理，以下有效识别“官骗”的方法可供参考：（1）充分利用政务公开信息了解国家机关内设机构及人事任命。国家互联网信息办公室并非隶属于国家安全部，不同时期主要领导班子成员名单亦有公示。（2）利用大数据识别诈骗犯的虚假身份。杨某民在冒充国家安全部副部长诈骗某化工集团款物期间，多次带张某龙等人到江西吉安县老家洽谈招商引资。在网络平台输入“杨某民”“吉安”等关键词，可检索出杨某民大量真实身份信息。（3）从诈骗犯之反常行为中发现骗局漏洞。诈骗犯的基本“技能”为说谎，一个谎言又需要其他谎言来掩盖，行为之间必有异常，尤其是黄某琳、付某良等文化程度较低、临时拼凑又彼此互不熟悉的诈骗团伙。例如，付某良向某化工集团提供伪造的国家安全部证明文件存在多处错别字，高某作为“部长助理”不在部里办公却常年在苏州经营多家公司。

案例二

职务侵占的罪与罚

吴炎冰[1]

案情回顾

2015年，被告人小明利用担任某建设集团公司总承包部经理的职务便利，将总承包部所承建的河北省廊坊市某项目工程装修款人民币230万元转入其个人名下的银行卡中，用于在澳门赌博及个人挥霍。同年11月，该集团发现后，由副总经理到东城分局经侦支队报案。后公安机关对小明立案侦查。2016年3月，呼和浩特市技术侦查支队民警在呼和浩特市某酒店将小明抓获。赃款未退缴。

后经法院审理认为，被告人小明利用职务上的便利，将本单位财物非法占为己有，数额巨大，其行为侵犯了公司的财产权利，已构成职务侵占罪，依法应予刑事处罚。故判决：一、被告人小明犯职务侵占罪，判处有期徒刑六年；二、责令被告人退赔某集团230万元。后小明不服上诉。

小明的上诉理由及其辩护人的辩护意见是：小明和某集团之间系承包挂靠关系，有权自由支配工程款，其在工程项目中存在个人垫资，且其使用的某项目工程款230万元远低于其个人垫资款，其不具有非法占有的目的，不构成职务侵占罪。

二审法院经审理认为：在案某集团提供的小明劳动合同书、职工履历表、聘任通知、工资发放表、股东分红明细表等书证及多名证人证言能够证明小明系某集团正式职员，在某集团领取工资、年终奖及股东分红，并非承包挂靠关系；某集团财务规定、发文登记表等书证及多名证人证言能够证明各分公司收到工程款应做到专款专用，不得用于其他用途，小明并无权随意支配

---

① 北京市第二中级人民法院刑二庭员额法官。

工程款，更无权私自将工程款用于个人挥霍；其所提个人垫资的情况无任何事实及证据证明，也未在某集团公司账上列支，明显不符合常理；小明利用担任某集团总承包部、第二建筑工程分公司等负责人的职务便利，将本单位财物非法占为己有，用于个人挥霍，显系具有非法占有的目的，符合职务侵占罪的构成要件，故上述上诉理由及辩护意见不能成立，不予采纳，依法驳回其上诉，维持原判。

法理分析

小明利用职务上的便利，将本单位财物非法占为己有，数额巨大，其行为触犯了职务侵占罪。2020年12月26日修正后的《刑法》第271条规定："公司、企业或者其他单位的工作人员，利用职务上的便利，将本单位财物非法占为己有，数额较大的，处三年以下有期徒刑或者拘役，并处罚金；数额巨大的，处三年以上十年以下有期徒刑，并处罚金；数额特别巨大的，处十年以上有期徒刑或者无期徒刑，并处罚金。"《贪污贿赂案件解释》第11条规定："刑法第一百六十三条规定的非国家工作人员受贿罪、第二百七十一条规定的职务侵占罪中的'数额较大''数额巨大'的数额起点，按照本解释关于受贿罪、贪污罪相对应的数额标准规定的二倍、五倍执行。"故"数额较大"的标准是6万元，"数额巨大"的标准是100万元，目前"数额特别巨大"的标准暂未明确，有待进一步确定。

职务侵占罪的犯罪构成是：

1. 本罪侵犯的客体：企业的财产所有权，侵犯的对象必须是行为人所在单位的合法财物，其中行为人所在单位依法负有保管、运输等义务以及享有使用、占有等权利的非本单位的财物，应以本单位财物论。

2. 本罪的客观行为表现为利用职务上的便利，将本单位财物非法占为己有。所谓"利用职务上的便利"，一般是指行为人利用自己在本单位所具有的一定职务，如董事、监事、经理、会计等，并因为这种职务所产生的方便条件，即管理、经手本单位财物的便利。往往利用单位财务管理制度上的漏洞，以欺骗、截留等方式完成对单位财物的占有。

虽然没有专门的司法解释对民营企业的“利用职务上的便利”作出界定，但参照最高人民法院指导案例中对于贪污罪中的职务便利的解释，司法实践中通常将非国有企业中的“利用职务上的便利”理解为“利用职务上主管、管理、经手企业财物的权力及方便条件，既包括利用本人职务上主管、管理公共财物的职务便利，也包括利用职务上有隶属关系的其他企业内部工作人员的职务便利”。

这里面主管、管理都非常容易理解，对于“经手”往往存在困惑。“经手”，应是指因工作需要在一定时间内控制单位的财物，包括因工作需要合法持有单位财物的便利，而不包括因工作关系熟悉作案环境、容易接近单位财物等方便条件。在司法实践中，往往会将职务便利和工作便利相混同，进而易导致法律适用的错误。综上，评价是否具有职务上的便利，并不完全是看此人的身份，而是看实际上是否主管、管理、经手了企业的财物，其所侵犯的财产利益是否与行为人的职务行为密切相关。

3. 本罪的犯罪主体：必须是公司、企业或者其他单位的人员才能构成，而且上述人员不属于依法从事公务的国家工作人员。认定的依据：劳动合同、社保记录、工资记录、纳税记录、公司内部任命文件等。

4. 本罪的主观方面是故意，即行为人明知系本单位财物，而具有非法占为己有的目的。

知识拓展

（一）职务侵占罪的既遂未遂标准问题

职务侵占罪与其他侵财型犯罪一样，作为结果犯存在既未遂情形，因此，其既未遂区别的标志是犯罪结果是否发生。本罪侵犯的对象是公司的财产所有权，应当以公司财产所有权是否受到侵犯为标准。公司财产所有权受到了侵犯，说明犯罪结果已经发生。反之，说明犯罪未得逞。因此区分职务侵占是既遂还是未遂的实质，在于侵占行为是否对公司财产所有权造成了侵害，而不是行为人是否实际获得利益。因此该罪的既遂标准应该是只要被害人丧失了对自己财物的控制就应当认定为既遂（失控说），而不管行为人是否控制了该财物（控制说）。

（二）职务侵占罪与其他相关犯罪的关系

1. 本罪与盗窃罪的区别

该两种犯罪在将财物非法占为己有的主观目的上是相同的，但存在诸多区别：一是主体不同，前者的主体必须是公司、企业或者其他单位的人员；而后者是一般主体；二是客观行为表现不同，前者必须是利用职务上的便利，而后者不是利用职务上的便利，如前所述如果公司员工利用本人熟悉工作环境的工作便利条件实施偷盗行为，则只能认定为盗窃罪，因为没有任何职权因素在其中；三是侵犯的对象范围不同，前者必须是本单位的合法财物，后者可以是本单位以外的财物；四是入罪的标准不同，前者以数额较大为入罪条件，后者不仅可以是数额较大，还可以盗窃次数入罪。

2. 本罪与贪污罪的区别

本罪与贪污罪均为非法占有型犯罪，在手段行为上基本相同，但两罪最大的区别是实施主体不同，前者必须不是依法从事公务的国家工作人员，后者只能是依法从事公务的国家工作人员。

3. 本罪与诈骗罪的区别

该罪与诈骗罪均属于侵犯财产犯罪，但二者存在如下区别：一是主体不同，前者的主体必须是公司、企业或者其他单位的人员；而后者是一般主体；二是手段不同，前者必须是利用职务便利，实施侵吞、盗窃、骗取等非法手段，而后者不需要职权因素，手段仅限于虚构事实、隐瞒真相的骗取手段。

普法提示

（一）职务侵占罪的常见抗辩

1. 对不属于公司工作人员的抗辩

认定是否是公司工作人员的依据主要是劳动合同、社保记录、工资记录、纳税记录、公司内部任命文件等。例如前述案例里的小明提出自己和某集团仅为挂靠关系，并非单位正式员工，或者与公司间只是授权委托关系，不存在劳动关系，不属于单位正式工作人员等抗辩，对此要结合上述依据综合予以认定。

2. 对“职权因素”的抗辩

如认为并未利用职务便利，不具有管理、经手本单位财物的便利，此时要根据该人职务、在公司的职责范围来判断其在侵占本单位财物过程中是否利用了管理、经手本单位财物的职权，司法实践中将民营企业中的利用职务上的便利，理解为利用职务上主管、管理、经手企业财物的权力及方便条件，既包括利用本人职务上主管、管理公共财物的职务便利，也包括利用职务上有隶属关系的其他企业内部工作人员的职务便利。如果仅仅是利用因工作关系熟悉作案环境、容易接近单位财物等方便条件，则可能构成盗窃等犯罪。

3. 对非法占有目的的抗辩

有些案例中，民营企业工作人员会抗辩自己并无非法占有本单位财物的主观目的，而是因为意志以外的原因造成单位损失或者与单位有其他经济纠纷，如替单位垫资或单位欠其报酬、奖金之类情形。此时应结合其取得财物的手段，取得财物后的处置方式，以及与公司间是否真正存在以金钱给付为内容的经济纠纷情况等综合予以判断，简单说就是“不该得而得”就属具有非法占有目的。

（二）被侵害公司的救济手段

1. 能否提起民事诉讼？

因职务侵占罪是公诉罪名，如果被侵害公司仅仅提起民事诉讼，民事审判庭法官受案后如发现涉嫌刑事犯罪，会及时驳回起诉，并将犯罪线索移交公安机关或者建议被侵害公司及时报案，因该情形不属于民事诉讼受案范围。

2. 能否和被告人自行和解？

法律并未禁止被侵害公司私下与被告人自行和解，但因职务侵占罪系公诉罪名，由司法机关代表国家追诉犯罪，并不能因与被害单位达成和解而退还违法所得，也不能因获得被害单位谅解、被害单位明确承诺不予追究刑事责任而免除其刑事责任，因为当事人之间无法自行免除应该由国家追究的刑事责任。

3. 能否向法院提起刑事自诉？

在刑事救济途径中，权利人除了选择向公安机关报案、由检察机关提起公诉以外，还可以选择直接向人民法院提起刑事自诉。

根据法律规定，自诉案件包括被害人有证据证明的轻微刑事案件。职务侵占罪案件，属于《刑法》第五章中的侵犯财产罪，如被告人可能判处三年以下有期徒刑，被害人直接向人民法院起诉的，人民法院应当依法受理。对其中证据不足、可以由公安机关受理的，或者认为对被告人可能判处三年以上有期徒刑刑罚的，应当告知被害人向公安机关报案，或者移送公安机关立案侦查。因此，权利人提起刑事自诉有两个最重要的条件：一是能提供证据证明，二是可能判处三年以下有期徒刑的案件。

4. 能否在刑事诉讼中提起刑事附带民事诉讼？

刑事诉讼中规定了附带民事诉讼制度，即被害人由于被告人的犯罪行为遭受物质损失的，在刑事诉讼中有权提起附带民事诉讼。具体而言是指被害人因人身权利受到犯罪侵犯或者财物被犯罪分子毁坏而遭受物质损失的，有权在刑事诉讼中提起附带民事诉讼。但是被告人非法占有、处置被害人财产的，应当依法予以追缴或者责令退赔。因此在职务侵占犯罪中，被告人非法占有被害公司财物的，不能在刑事案件中提起附带民事赔偿，而只能通过继续追缴或责令退赔方式挽回经济损失。

案例三

挪用资金的罪与罚

吴炎冰[1]

案情回顾

（一）基本案情

被告人小明在担任某房地产开发有限公司财务部主任期间，利用其职务便利，将公司的资金共计人民币5600万元挪给他人使用，其于2017年10月10日挪用人民币3600万元，于2017年10月30日挪用人民币2000万元。2017年12月25日，归还公司人民币50万元。小明于2018年1月12日到公安机关投案。

（二）审理结果

被告人小明身为企业的工作人员，利用职务便利，挪用本单位资金归个人使用，数额巨大，超过三个月未还，其行为已构成挪用资金罪，故判处：一、被告人小明犯挪用资金罪，判处有期徒刑五年；二、责令被告人小明退赔人民币5550万元，发还某房地产开发有限公司。

法理分析

案例中的小明利用职务上的便利，挪用本单位资金归个人使用，数额巨大，超过三个月未还，其行为触犯了挪用资金罪。2020年12月26日修正后的《刑法》第272条第1款规定："公司、企业或者其他单位的工作人员，

---

① 北京市第二中级人民法院刑二庭员额法官。

利用职务上的便利，挪用本单位资金归个人使用或者借贷给他人，数额较大、超过三个月未还的，或者虽未超过三个月，但数额较大、进行营利活动的，或者进行非法活动的，处三年以下有期徒刑或者拘役；挪用本单位资金数额巨大的，处三年以上七年以下有期徒刑；数额特别巨大的，处七年以上有期徒刑。”该条增加第 3 款规定：“有第一款行为，在提起公诉前将挪用的资金退还的，可以从轻或者减轻处罚。其中，犯罪较轻的，可以减轻或者免除处罚。”《贪污贿赂案件解释》第 11 条规定：“刑法第二百七十二条规定的挪用资金罪中的‘数额较大’‘数额巨大’以及‘进行非法活动’情形的数额起点，按照本解释关于挪用公款罪‘数额较大’‘情节严重’以及‘进行非法活动’的数额标准规定的二倍执行。”故数额标准如下：“数额较大”为 10 万元，“数额巨大”为 400 万元；“进行非法活动”的入罪标准为 6 万元；“数额巨大”为 200 万元。2020 年修正的《刑法》增加了“数额特别巨大”刑档，但具体标准暂未明确，且法定最高刑提高至十五年。

挪用资金罪的犯罪构成是：

1. 本罪侵犯的客体是企业的财产所有权，包括资金的占有权、使用权和收益权。侵犯的对象是本单位的资金，资金一般是以货币形态表现的，既有人民币、外币，又可以股票、国库券、债券等有价证券的形式存在，因而这些有价证券也可以成为本罪侵犯的对象。另外准备设立的公司在银行开设的临时账户上的资金属于本单位资金。

2. 本罪的客观行为表现为利用职务上的便利，擅自动用本单位资金归个人使用或者借贷给他人的行为，包括超期未还型、营利活动型、非法活动型。“超期未还”是指同时具备三个条件，一是数额较大，二是挪用时间超过三个月，三是尚未归还；“营利活动”是指挪用资金归自己或他人进行经营性活动，包括用于做生意、买股票、存入金融机构获取利息、用于注册公司等营利活动，个人是否实际获利并不影响认定；“非法活动”是指将挪用的资金用于赌博、吸毒、嫖娼、非法经营等为法律、法规所禁止的行为。

2010年《最高人民检察院、公安部关于公安机关管辖的刑事案件立案追诉标准的规定（二）》第85条规定，有下列情形之一的，属于“归个人使用”：将本单位资金供本人、亲友或者其他自然人使用的；以个人名义将本单位资金供其他单位使用的；个人决定以单位名义将本单位资金供其他单位使用，谋取个人利益的。“归个人使用”实际上来源于2002年《全国人民代表大会常务委员会关于〈中华人民共和国刑法〉第三百八十四条第一款的解释》。

利用职务上的便利，一般是指行为人利用自己在本单位所具有的一定职务，如董事、监事、经理、会计等，并因为这种职务所产生的方便条件，即管理、经手本单位资金的便利，且往往利用单位财务管理制度上的漏洞，完成对单位资金的挪用。司法实践中将民营企业中的利用职务上的便利，理解为“利用职务上主管、管理、经手企业资金的权力及方便条件，既包括利用本人职务上主管、管理资金的职务便利，也包括利用职务上有隶属关系的其他企业内部工作人员的职务便利”。这里的“经手”，是指因工作需要在一定时间内控制单位的资金，包括因工作需要合法掌管单位资金的便利。

3. 本罪的犯罪主体必须是公司、企业或者其他单位的人员，而且上述人员不属于依法从事公务的国家工作人员。认定的依据主要是劳动合同、社保记录、工资记录、纳税记录、公司内部任命文件等。

4. 本罪的主观方面是故意，且只能由直接故意构成，即明知是本单位资金而挪用，目的是非法暂时取得本单位资金的使用权，一般是准备以后归还的。对于行为人主观心态的认定从行为方式可以判断，如有意使债权人找不到债务主体，如卷款潜逃、虚构主体等；主观上不愿偿还，如对有关挪用事实拒绝承认，拒不归还挪用的财物、掩盖挪用事实；有意丧失偿债能力，如假破产、将财物挥霍等，则应认定行为人具有非法占有的目的，而不属于暂时挪用。

知识拓展

（一）挪用资金罪的既遂未遂标准问题

挪用资金罪侵犯的客体，是单位对资金的占有权、使用权和收益权，只要行为人已经将资金转移到本人或者他人的控制之下，即单位的占有权、使用权和收益权受到实际的侵犯，才能达到该罪既遂的标准。同时应按照该罪的三种具体法定表现形式分别加以界定。（1）对于超期未还型，行为人已经实际控制本单位资金，数额较大，超过三个月且案发前未还，可认定为既遂；（2）对于营利活动型，应以行为人已经实际控制本单位较大数额资金，并已经开始为利用该资金进行营利活动做实际的准备作为既遂的标准；（3）对于非法活动型，应以行为人实际控制本单位资金并开始为利用该资金进行非法活动做实际的准备作为既遂的标准。行为人的行为只要符合以上三种情况中的一种，就构成本罪的既遂。

（二）挪用资金罪与其他相关犯罪的关系

1. 本罪与职务侵占罪的区别

（1）侵犯的客体不完全相同。二者虽然侵犯的都是公司财产的所有权，但挪用资金侵犯的是资金的占有权、使用权和收益权，没有侵犯处分权，职务侵占则侵犯了财产所有权的全部权能。

（2）行为人主观方面的目的不同。挪用资金行为人的目的是暂时挪用资金，准备以后归还；而职务侵占的目的是将财物非法占为己有，并不准备归还。这是两罪的实质性差别。

（3）惯常的犯罪手段不同。挪用资金一般不采取掩盖本单位资金被挪用的手段，如一般没有平账；而职务侵占的行为人为了掩盖不被发现，往往有伪造单据、虚假平账、销毁账目等财务手段。

2. 本罪与挪用公款罪的区别

两罪在手段行为上基本相同，但最大的区别是实施主体不同，前者必须不是依法从事公务的国家工作人员，后者只能是依法从事公务的国家工作人员。

普法提示

（一）挪用资金犯罪中的主要抗辩理由

1. 主体要件不符合

（1）与被害公司处于平等民事关系的被告人不属于被害公司的职工，不属于挪用资金罪主体。

（2）一人公司的法定代表人对其公司资金具有完全的支配权，不属于挪用资金罪主体。

（3）存在承包关系的双方当事人属于平等的民事关系主体，被告人与被害单位不存在隶属关系，不属于挪用资金罪主体。

2. 客观行为上不符合

（1）没有挪用资金归个人使用或者无证据证明被告人挪用资金归个人使用。如以个人名义用单位资金购置物业作为单位办公用地，并非个人使用，不构成挪用资金罪；截留单位补贴资金用于单位开支，属于单位行为，并非归个人使用，不构成挪用资金罪；行为人违反公司的财务制度，挪用公司钱款用于发展本公司销售业务，并非归个人使用，超过三个月未还的，上述情形不符合挪用资金罪客观方面的构成要件，故不构成挪用资金罪。

（2）无证据证明被告人挪用单位资金是为个人谋取利益，不构成挪用资金罪。例如，被告人将单位资金用于购买理财产品，没有证据证实被告人将购买理财产品的收益归其个人非法占有，购买理财产品是为了个人目的；无证据证明被告人挪用单位资金是为个人谋取利益；被告人所挪用资金性质并不属于单位资金或资金性质不明等。

（3）被告人涉案行为属于合法民事行为，不构成挪用资金罪。例如，被告人将单位资金用于偿还单位以其名义向银行所贷款项，属于正常的还贷行为，不构成挪用资金罪。

3. 主观上不具有挪用资金的故意，不构成挪用资金罪

（1）被告人执行单位决定，将款项打入他人账户，他人擅自挪用资金，被告人并不知情，其主观上没有犯罪故意，不需要对他人的行为承担刑事责任。

（2）被告人使用挪用的资金支付退货款的行为实为企业行为而非个人行为，被告人主观上没有挪用资金的故意，不构成挪用资金罪。

4. 在提起公诉前将挪用的资金退还的

《刑法修正案（十一）》为了体现宽严相济的刑事政策，在本罪中增加了第3款："有第一款行为，在提起公诉前将挪用的资金退还的，可以从轻或者减轻处罚。其中，犯罪较轻的，可以减轻或者免除处罚。"对上述情形予以从宽处罚，以体现对民营企业的财产所有权的保护，鼓励积极退还被挪用资金、挽回企业损失。

（二）被侵害公司的救济手段

1. 能否提起民事诉讼？

因挪用资金罪是公诉罪名，如果被侵害公司仅仅提起民事诉讼，民事审判庭法官受案后如发现涉嫌刑事犯罪，会及时驳回起诉，并将犯罪线索移交公安机关或者建议被侵害公司及时报案，因该情形不属于民事诉讼受案范围。

2. 能否与被告人自行和解？

法律并未禁止被侵害公司私下与被告人自行和解，但因挪用资金罪系公诉罪名，由司法机关代表国家追诉犯罪，并不能因与被害单位达成和解、退还违法所得，也不能因获得被害单位谅解、被害单位明确承诺不予追究刑事责任而免除其刑事责任，因为当事人之间无法自行免除应该由国家追究的刑事责任。

3. 能否向法院提起刑事自诉？

在刑事救济途径中，权利人除了选择向公安机关报案、由检察机关提起公诉以外，还可以选择直接向人民法院提起刑事自诉。

根据法律规定，自诉案件包括被害人有证据证明的轻微刑事案件。挪用资金罪，属于《刑法》第五章中的侵犯财产罪，如被告人可能判处三年以下有期徒刑，被害人直接向人民法院起诉的，人民法院应当依法受理。对其中证据不足、可以由公安机关受理的，或者认为对被告人可能判处三年以上有期徒刑刑罚的，应当告知被害人向公安机关报案，或者移送公安机关立案侦查。因此，权利人提起刑事自诉有两个最重要的条件：一是能提供证据证明，二是可能判处三年以上有期徒刑的案件。

4. 能否在刑事诉讼中提起刑事附带民事诉讼？

刑事诉讼中规定了附带民事诉讼制度，即被害人由于被告人的犯罪行为遭受物质损失的，在刑事诉讼中有权提起附带民事诉讼。具体而言是指被害人因人身权利受到犯罪侵犯或者财物被犯罪分子毁坏而遭受物质损失的，有权在刑事诉讼中提起附带民事诉讼。但是被告人非法占有、处置被害人财产的，应当依法予以追缴或者责令退赔。因此在挪用资金犯罪中，被告人属非法占有被害公司资金，不能在刑事案件中提起附带民事赔偿，而只能通过继续追缴或责令退赔方式挽回经济损失。

案例四

拒不支付劳动报酬的罪与罚

杨子良①

案情回顾

（一）基本案情

2008年8月，被告人胡某峰注册成立榆中兴旺建材厂，任法定代表人，从事空心砖生产加工。2018年3月11日，被告单位榆中兴旺建材厂雇用刘某、陈某平等人为榆中兴旺建材厂生产加工空心砖，截至2018年11月23日共拖欠31人工资483712元。经兰州高新区组织人事和社会保障局责令支付上述工人工资，仍拒不支付。2019年1月11日经榆中县人民法院诉前调解，胡某峰支付工人工资10万元后逃逸。2019年7月15日，胡某峰在成都市被公安机关抓获，同年7月19日被刑事拘留，7月22日被取保候审。2019年7月22日，被告人胡某峰家属将拖欠的农民工工资全部支付清楚。

（二）审理过程

2019年8月28日，榆中县人民检察院指控被告单位榆中兴旺建材厂、被告人胡某峰犯拒不支付劳动报酬罪，向榆中县人民法院提起公诉。榆中县人民法院经公开开庭审理后认为：被告单位榆中兴旺建材厂拒不支付劳动报酬，数额较大，经兰州高新区组织人事和社会保障局责令支付仍不支付；被告人胡某峰系该公司实施拒不支付劳动报酬的直接主管人员，其行为均已触犯刑律，构成拒不支付劳动报酬罪，依法应予惩处。被告人胡某峰的家属在案发后已全部支付拖欠的工人工资，且被告人胡某峰在庭审中自愿认罪，有悔罪表现，可酌情从轻处罚。被告人胡某峰没有再犯罪的危险，适用缓刑对

① 北京市第二中级人民法院刑二庭副庭长、员额法官。

所居住社区无重大不良影响，可宣告缓刑。据此，榆中县人民法院于2019年9月10日作出一审判决：一、被告单位榆中兴旺建材厂犯拒不支付劳动报酬罪，判处罚金5万元。二、被告人胡某峰犯拒不支付劳动报酬罪，判处有期徒刑一年，缓刑一年六个月，并处罚金5000元。宣判后，被告单位及被告人均未提出上诉，检察机关未提出抗诉，一审判决发生法律效力。

本案中被告人胡某峰将拖欠的农民工工资全部支付清楚，为什么被告单位榆中兴旺建材厂及被告人胡某峰仍然被定罪判刑呢？

法理分析

本案一审法院对被告单位榆中兴旺建材厂、被告人胡某峰定罪判刑符合我国《刑法》第276条之一的规定：以转移财产、逃匿等方法逃避支付劳动者的劳动报酬或者有能力支付而不支付劳动者的劳动报酬，数额较大，经政府有关部门责令支付仍不支付的，处三年以下有期徒刑或者拘役，并处或者单处罚金；造成严重后果的，处三年以上七年以下有期徒刑，并处罚金。单位犯前款罪的，对单位判处罚金，并对其直接负责的主管人员和其他直接责任人员，依照前款的规定处罚。有前两款行为，尚未造成严重后果，在提起公诉前支付劳动者的劳动报酬，并依法承担相应赔偿责任的，可以减轻或者免除处罚。

被告人胡某峰在兰州高新区组织人事和社会保障局责令其单位支付上述工人工资后，其单位及其本人仍拒不支付，经榆中县人民法院诉前调解，其支付工人工资10万元后逃逸，其行为符合《刑法》规定的拒不支付劳动报酬罪的成立条件，已构成拒不支付劳动报酬罪，且其行为属于单位职务行为，对其任法定代表人的单位及其本人，依法应当以单位犯罪追究刑事责任。根据《刑法》规定，对于单位犯拒不支付劳动报酬罪的，对单位要判处罚金，对单位直接负责的主管人员要依照个人犯罪的规定处罚，被告人胡某峰是被告单位榆中兴旺建材厂的直接负责的主管人员，对榆中兴旺建材厂依法应当判处罚金，对胡某峰依法应当依照个人犯罪的规定判处有期徒刑或者拘役，并处或者单处罚金。

由于被告人胡某峰是在公安机关立案并将其抓获归案后才将拖欠的农民工工资全部支付，其行为可以认定为尚未造成严重后果，在提起公诉前支付劳动者的劳动报酬，并依法承担相应赔偿责任，但根据《刑法》规定，对这种情况可以根据案件具体情况从轻处罚，而不是必须减轻或者免除处罚。本案被告人胡某峰在经人事和社会保障局责令支付和人民法院诉前调解后仍逃匿，最后被抓获归案，其单位共欠 31 人工资 483712 元，远超追诉标准，故对其从轻处罚也是合法和罪刑相适应的。

知识拓展

（一）拒不支付劳动报酬罪的立法过程

拒不支付劳动报酬罪是 2011 年 2 月 25 日第十一届全国人民代表大会常务委员会第十九次会议通过，同年 5 月 1 日起施行的《刑法修正案（八）》增设的罪名。立法机关主要考虑到近些年来，地方用工单位恶意拖欠劳动者工资的现象比较突出，严重侵犯了劳动者合法权益，导致很多社会矛盾，有的甚至引发群体性事件，成为影响社会稳定的重要隐患，为加强民生保护，促进社会和谐，特设立该罪名。

（二）拒不支付劳动报酬罪的定罪条件和标准

根据《刑法》第 276 条之一的规定，构成拒不支付劳动报酬罪必须具备以下条件：

1. 行为主体是用工单位或者个人，包括具有用工资格的单位或个人，不具有用工资格的单位和个人，以及单位实际控制人等，总之行为主体是负有支付劳动报酬义务的单位或者个人。

2. 行为侵犯的客体是双重客体，即劳动者获得劳动报酬的权利和市场经济秩序，行为对象是劳动报酬。根据《最高人民法院关于审理拒不支付劳动报酬刑事案件适用法律若干问题的解释》(以下简称《拒不支付劳动报酬解释》)第1条规定，劳动者依照《劳动法》和《劳动合同法》等法律的规定应得的劳动报酬，包括工资、奖金、津贴、补贴、延长工作时间的工资报酬及特殊情况下支付的工资等，应当认定为《刑法》第276条之一第一款规定的“劳动者的劳动报酬”。

3. 行为人主观方面是故意，即拒不支付劳动报酬的行为出于故意。

4. 行为人客观上实施了以转移财产、逃匿等方法逃避支付劳动者的劳动报酬或者有能力支付而不支付劳动者的劳动报酬，数额较大，经政府有关部门责令支付仍不支付的行为。《拒不支付劳动报酬解释》第2条规定，以逃避支付劳动者的劳动报酬为目的，具有下列情形之一的，应当认定为《刑法》第276条之一第1款规定的“以转移财产、逃匿等方法逃避支付劳动者的劳动报酬”:(1)隐匿财产、恶意清偿、虚构债务、虚假破产、虚假倒闭或者以其他方法转移、处分财产的;(2)逃跑、藏匿的;(3)隐匿、销毁或者篡改账目、职工名册、工资支付记录、考勤记录等与劳动报酬相关的材料的;(4)以其他方法逃避支付劳动报酬的。

根据《拒不支付劳动报酬解释》第4条规定，经人力资源社会保障部门或者政府其他有关部门依法以限期整改指令书、行政处理决定书等文书责令支付劳动者的劳动报酬后，在指定的期限内仍不支付的，应当认定为《刑法》第276条之一第1款规定的“经政府有关部门责令支付仍不支付”，但有证据证明行为人有正当理由未知悉责令支付或者未及时支付劳动报酬的除外。

行为人逃匿，无法将责令支付文书送交其本人、同住成年家属或者所在单位负责收件的人的，如果有关部门已通过在行为人的住所地、生产经营场所等地张贴责令支付文书等方式责令支付，并采用拍照、录像等方式记录的，应当视为“经政府有关部门责令支付”。

5. 行为人实施的拒不支付劳动报酬行为达到定罪标准即追诉标准。根据《拒不支付劳动报酬解释》第3条及2017年4月27日起施行的《最高人民检察院、公安部关于公安机关管辖的刑事案件立案追诉标准的规定(一)的补充规定》，追诉标准如下：以转移财产、逃匿等方法逃避支付劳动者的劳动报酬或者有能力支付而不支付劳动者的劳动报酬，经政府有关部门责令支付仍不支付，涉嫌下列情形之一的，应予立案追诉：（1）拒不支付一名劳动者三个月以上的劳动报酬且数额在5000元至2万元以上的；（2）拒不支付十名以上劳动者的劳动报酬且数额累计在3万元至10万元以上的。不支付劳动者的劳动报酬，尚未造成严重后果，在刑事立案前支付劳动者的劳动报酬，并依法承担相应赔偿责任的，可以不予立案追诉。各省、自治区、直辖市高级人民法院可以根据本地区经济社会发展状况，在前述规定的数额幅度内，研究确定本地区执行的具体数额标准，报最高人民法院备案。

（三）量刑标准

1. 个人犯罪量刑标准

根据《刑法》第276条之一规定，拒不支付劳动报酬罪法定刑分为两档，第一档是以转移财产、逃匿等方法逃避支付劳动者的劳动报酬或者有能力支付而不支付劳动者的劳动报酬，数额较大，经政府有关部门责令支付仍不支付的，处三年以下有期徒刑或者拘役，并处或者单处罚金。第二档是造成严重后果的，处三年以上七年以下有期徒刑，并处罚金。

根据《拒不支付劳动报酬解释》第5条规定，拒不支付劳动者的劳动报酬，符合该司法解释第3条的规定，并具有下列情形之一的，应当认定为《刑法》第276条之一第1款规定的“造成严重后果”：（1）造成劳动者或者其被赡养人、被扶养人、被抚养人的基本生活受到严重影响、重大疾病无法及时医治或者失学的；（2）对要求支付劳动报酬的劳动者使用暴力或者进行暴力威胁的；（3）造成其他严重后果的。

2. 单位犯罪定罪量刑标准

根据现行《刑法》第276条之一第2款规定，单位犯拒不支付劳动报酬罪的，对单位判处罚金，并对其直接负责的主管人员和其他直接责任人员，依照该条第1款的规定处罚。

《拒不支付劳动报酬解释》第9条规定，单位拒不支付劳动报酬，构成犯罪的，依照本解释规定的相应个人犯罪的定罪量刑标准，对直接负责的主管人员和其他直接责任人员定罪处罚，并对单位判处罚金。《最高人民检察院、公安部关于公安机关管辖的刑事案件立案追诉标准的规定（一）》第100条也有类似规定。

3. 宽严相济的政策

我国《刑法》第276条之一第3款规定，有前两款行为，尚未造成严重后果，在提起公诉前支付劳动者的劳动报酬，并依法承担相应赔偿责任的，可以减轻或者免除处罚。

《拒不支付劳动报酬解释》第6条规定，拒不支付劳动者的劳动报酬，尚未造成严重后果，在刑事立案前支付劳动者的劳动报酬，并依法承担相应赔偿责任的，可以认定为情节显著轻微危害不大，不认为是犯罪；在提起公诉前支付劳动者的劳动报酬，并依法承担相应赔偿责任的，可以减轻或者免除刑事处罚；在一审宣判前支付劳动者的劳动报酬，并依法承担相应赔偿责任的，可以从轻处罚。对于免除刑事处罚的，可以根据案件的不同情况，予以训诫、责令具结悔过或者赔礼道歉。拒不支付劳动者的劳动报酬，造成严重后果，但在宣判前支付劳动者的劳动报酬，并依法承担相应赔偿责任的，可以酌情从宽处罚。

根据《最高人民检察院、公安部关于公安机关管辖的刑事案件立案追诉标准的规定（一）的补充规定》，不支付劳动者的劳动报酬，尚未造成严重后果，在刑事立案前支付劳动者的劳动报酬，并依法承担相应赔偿责任的，可以不予立案追诉。

这里的"赔偿责任"，主要是指我国《劳动合同法》第85条规定的赔偿金和经济补偿。该条规定，用人单位有下列情形之一的，由劳动行政部门责令限期支付劳动报酬、加班费或者经济补偿；劳动报酬低于当地最低工资标准的，应当支付其差额部分；逾期不支付的，责令用人单位按应付金额50%以上100%以下的标准向劳动者加付赔偿金：（1）未按照劳动合同的约定或者国家规定及时足额支付劳动者劳动报酬的；（2）低于当地最低工资标准支付劳动者工资的；（3）安排加班不支付加班费的；（4）解除或者终止劳动合同，未依照本法规定向劳动者支付经济补偿的。关于经济补偿的标准，根据该法第47条的规定，要按劳动者在本单位工作的年限，每满一年支付一个月工资的标准向劳动者支付。六个月以上不满一年的，按一年计算；不满六个月的，向劳动者支付半个月工资的经济补偿。劳动者月工资高于用人单位所在直辖市、设区的市级人民政府公布的本地区上年度职工月平均工资三倍的，向其支付经济补偿的标准按职工月平均工资三倍的数额支付，向其支付经济补偿的年限最高不超过十二年。这里所称月工资是指劳动者在劳动合同解除或者终止前十二个月的平均工资。根据该法第48条、第87条的规定，对于用人单位违反《劳动合同法》规定解除或者终止劳动合同的，劳动者不要求继续履行劳动合同或者劳动合同已经不能继续履行的，应当依照《劳动合同法》第47条规定的经济补偿标准的二倍向劳动者支付赔偿金。

普法提示

（一）刑法的禁止性规定

我国《劳动法》第91条规定，用人单位有下列侵害劳动者合法权益情形之一的，由劳动行政部门责令支付劳动者的工资报酬、经济补偿，并可以责令支付赔偿金：（1）克扣或者无故拖欠劳动者工资的；（2）拒不支付劳动者延长工作时间工资报酬的；（3）低于当地最低工资标准支付劳动者工资的；（4）解除劳动合同后，未依照本法规定给予劳动者经济补偿的。第105条规定，违反本法规定侵害劳动者合法权益，其他法律、行政法规已规定处罚的，依照该法律、行政法规的规定处罚。

我国《刑法》第276条之一规定，以转移财产、逃匿等方法逃避支付劳动者的劳动报酬或者有能力支付而不支付劳动者的劳动报酬，数额较大，经政府有关部门责令支付仍不支付的，处三年以下有期徒刑或者拘役，并处或者单处罚金；造成严重后果的，处三年以上七年以下有期徒刑，并处罚金。单位犯前款罪的，对单位判处罚金，并对其直接负责的主管人员和其他直接责任人员，依照前款的规定处罚。有前两款行为，尚未造成严重后果，在提起公诉前支付劳动者的劳动报酬，并依法承担相应赔偿责任的，可以减轻或者免除处罚。

（二）预防犯罪提示

据调查，恶意拖欠劳动者工资的案件具有以下特点：一是多发于建筑施工、加工制造、住宿和餐饮等劳动密集型行业的个体或中小企业。二是被拖欠工资的对象主要是进城务工的农民工。三是恶意欠薪或欠薪逃匿案件情况复杂，处理难度大，易引发群体性事件，影响地方稳定。① 四是案件常见、多发。据统计，2011 年 5 月 1 日至 2019 年 9 月，各级法院共受理拒不支付劳动报酬刑事案件 10651 件，审结 10243 件。其中对 7674 名被告人判处有期徒刑或者拘役，对 116 名被告人判处三年以上有期徒刑。②

《刑法修正案（八）》出台之前，劳动者处理恶意欠薪主要通过以下四种途径：一是与用人单位协商解决；二是请劳动争议处理机构调解；三是由劳动争议仲裁机构仲裁；四是向人民法院提起劳动争议民事诉讼。在上述修正案施行后，劳动者遇到恶意欠薪的情况时，有了第五种解决途径，即向公安机关报案，由公安司法机关追究用人单位或个人刑事责任。因此，自 2011 年 5 月 1 日后，用人单位或个人有拒不支付劳动报酬行为的，不仅要承担违反《劳动法》《劳动合同法》规定的不利后果，还可能触犯刑律，要被公安司法机关以拒不支付劳动报酬罪立案追究刑事责任。而且，拒不支付劳动报酬罪是违反作为义务的犯罪，2011 年 4 月 30 日以前拒不支付劳动报酬，2011 年 5 月 1 日后经政府有关部门责令支付仍不支付的，应当视为拒不支付的行为持续到 2011 年 5 月之后，对相关违反作为义务的人员应当适用现行《刑法》第 276 条之一的规定，以拒不支付劳动报酬罪追究刑事责任。因而，用人单位或者个人都必须注意上述法律规定，坚决杜绝拒不支付劳动报酬的不法行为发生。

---

① 全国人大常委会法制工作委员会刑法室编：《〈中华人民共和国刑法修正案（八）〉条文说明、立法理由及相关规定》，北京大学出版社 2011 年版，第 158 页。

② 《国务院根治拖欠农民工工资工作领导小组办公室：今年恶意欠薪案 7674 人被判刑或拘役，切实保障农民工权益》，载《农民日报》2019 年 10 月 30 日。

第四章

妨害社会管理秩序罪

案例

污染环境的罪与罚

杨子良[①]

案情回顾

（一）基本案情

1. 海口恒创再生物资有限公司污染环境

2016年6月24日，被告单位海口恒创再生物资有限公司（以下简称恒创公司）经浙江省环保厅批准，取得危险废物经营许可证，核准经营废旧包装容器（不包含废塑料包装袋）。

2016年7月至案发，恒创公司经实际控制人即被告人孙某志决定，私自改变环评确定的破损铁桶处置工艺流程，将公司回收的残留有精馏残渣、染料涂料、废树脂、盐酸、醚类废物、有机溶剂等危险废物的绝大部分废弃金属桶直接撕碎、带水压块并进行铁渣分离，由此形成的铁块或在滚筒内空滚，或在装有碱液的溶液槽内经匀速输送带简单浸洗，或在溶液槽内输送带维修期间未经化学清洗，而后直接装入吨袋外售获利。截至案发，恒创公司明知江阴市百发有限公司国明分公司（以下简称国明分公司）没有危险废物经营许可证，仍将合计约3000吨仍为危险废物的铁块销售给不知为其危险废铁的国明分公司。

被告人张某燕自2016年8月左右起正式担任恒创公司副总，全面负责公司业务、生产、财务等事务。

被告人马某武于2016年7月至2017年5月，在恒创公司担任铁桶破碎组组长；2017年5月至案发，担任副厂长，协助生产厂长崔某俊管理生产。

被告人马某啸于2016年7月至2017年1月，在恒创公司担任生产厂长，

---

① 北京市第二中级人民法院刑二庭副庭长、员额法官。

管理厂内包括铁桶破碎线在内的生产。其间，恒创公司向国明分公司销售合计约1200吨仍为危险废物的铁块。

被告人崔某俊于2017年2月至案发，在恒创公司担任生产厂长，管理厂内包括铁桶破碎线在内的生产，并负责签发仍为危险废物的铁块出货单。其间，恒创公司向国明分公司销售合计约1800吨仍为危险废物的铁块。

2. 国明分公司污染环境

2016年3月、4月，国明分公司在无危险废物经营许可证且无危险废物相关处理设备的情况下，经股东即被告人张某田、赵某强决定，共同出资购买了撕碎机、球磨机，开展回收废旧油桶盖业务。公司聘用被告人张某帆、黄某等人联系回收业务并过磅，聘用其他工人对废旧油桶盖进行破碎、抛光，后以铁皮的形式出售，进行营利活动。在加工过程中，国明分公司未对废旧油桶盖上的残留物如油漆、废机油等进行处理，任由残留物在场地上流淌、经抛光后产生的剥离物随意堆砌，严重污染环境。

截至案发，国明分公司收购处置废旧油桶盖合计2万余吨，该部分废旧油桶盖及抛光过程中产生的剥离物、生产的铁块均为危险废物。

（二）审理过程

2018年5月17日，浙江省嘉兴市南湖区人民检察院以嘉南检刑诉〔2018〕239号起诉书指控被告单位恒创公司和被告人孙某志、张某燕、马某武、马某啸、崔某俊、张某田、赵某强、黄某、张某帆犯污染环境罪，向浙江省嘉兴市南湖区人民法院提起公诉。南湖区人民法院认为被告单位恒创公司和被告人孙某志、张某燕、马某武、马某啸、崔某俊、张某田、赵某强、黄某、张某帆的行为均已构成污染环境罪，遂判决：一、被告单位恒创公司犯污染环境罪，判处罚金30万元。二、被告人孙某志犯污染环境罪，判处有期徒刑三年六个月，并处罚金6万元。三、被告人张某燕犯污染环境罪，判处有期徒刑三年三个月，并处罚金4万元。四、被告人马某武犯污染环境罪，判处有期徒刑二年，缓刑二年，并处罚金12000元。五、被告人马某啸犯污染环境罪，判处有期徒刑一年六个月，缓刑一年六个月，并处罚金1万元。六、被告人崔某俊犯污染环境罪，判处有期徒刑一年六个月，缓刑一年六个月，并处罚金 1 万元。七、被告人张某田犯污染环境罪，判处有期徒刑四年，并处罚金 8 万元。八、被告人赵某强犯污染环境罪，判处有期徒刑二年六个月，缓刑二年六个月，并处罚金 5 万元。九、被告人黄某犯污染环境罪，判处有期徒刑二年二个月，并处罚金 2 万元。十、被告人张某帆犯污染环境罪，判处有期徒刑二年二个月，并处罚金 2 万元。宣判后，被告人孙某志、张某燕不服，分别提出上诉。2019 年 11 月 1 日，嘉兴市中级人民法院终审裁定驳回上诉，维持原判。

本案中，恒创公司将属于危险废物的铁块销售给无危险废物经营许可证的国明分公司的行为是否构成污染环境罪？国明分公司的犯罪行为是否构成单位犯罪？这两个法律适用问题在审理中争议较大。

法理分析

（一）恒创公司将属于危险废物的铁块销售给无危险废物经营许可证的国明分公司的行为构成污染环境罪

根据最高人民法院、最高人民检察院 2016 年发布的《关于办理环境污染刑事案件适用法律若干问题的解释》（以下简称《环境解释》）第 6 条、第 7 条的规定，无危险废物经营许可证从事收集、贮存、利用、处置危险废物经营活动，严重污染环境的，按照污染环境罪定罪处罚；明知他人无危险废物经营许可证，向其提供或者委托其收集、贮存、利用、处置危险废物，严重污染环境的，以共同犯罪论处。本案恒创公司明知国明分公司无危险废物经营许可证，仍将其生产的仍为危险废物的铁块通过普通货车运输至国明分公司，交由国明分公司通过球磨机剥落部分危险废物、残留的危险废物滴落地面，由于危险废物的特性，极易进入大气、水体和土壤，直接参与生态系统的物质循环，污染物与外环境接触，造成环境污染，其上述行为属于利用他人实施污染环境犯罪，构成污染环境罪。从刑法理论上看，恒创公司被称为污染环境罪的间接正犯。它与国明分公司不构成共同犯罪。因为国明分公司与恒创公司不具有共同的犯罪故意，其行为不构成污染环境罪。国明分公司收购恒创公司生产的铁块的业务，系国明分公司的被告人张某田从恒创公司的被告人孙某志处接洽而来，张某田曾到恒创公司现场考察，并从孙某志处确认恒创公司具有危险废物经营许可证，其作为从事一般废旧金属回收行业的非专业人员，对恒创公司经相关设备处理后的铁块是否仍属于危险废物缺乏专业鉴别能力，且对恒创公司擅自更改处置工艺无从得知，据此不能认定张某田及国明分公司具有环境污染犯罪的主观故意，不能认定国明分公司的行为构成环境污染罪。一审法院认定恒创公司将属于危险废物的铁块销售给无危险废物经营许可证的国明分公司的行为构成污染环境罪，是正确的。

（二）国明分公司的犯罪行为构成单位犯罪

根据《最高人民法院关于审理单位犯罪案件具体应用法律有关问题的解释》第1条的规定，《刑法》第30条规定的“公司、企业、事业单位”，既包括国有、集体所有的公司、企业、事业单位，也包括依法设立的合资经营、合作经营企业和具有法人资格的独资、私营等公司、企业、事业单位。根据最高人民法院2001年1月21日印发的《全国法院审理金融犯罪案件工作座谈会纪要》的意见，以单位名义实施犯罪，违法所得归单位所有的，是单位犯罪。以单位的分支机构或者内设机构、部门的名义实施犯罪，违法所得亦归分支机构或者内设机构、部门所有的，应认定为单位犯罪。

本案中国明分公司与上级公司财务独立，自负盈亏，经公司负责人张某田及股东赵某强共同商议决定，为了单位利益开展收购废油桶盖业务，依法应当认定为单位犯罪。但公诉机关因没有合适人选作为诉讼代表人出庭，不具备追究该单位刑事责任的诉讼条件，只按照单位犯罪的条款先行追究单位犯罪中直接负责的主管人员或者其他直接责任人员的刑事责任，暂不对国明分公司补充起诉。

2013年1月1日起施行的《最高人民法院关于适用〈中华人民共和国刑事诉讼法〉的解释》第283条规定，对应当认定为单位犯罪的案件，人民检察院只作为自然人犯罪起诉的，人民法院应当建议人民检察院对犯罪单位补充起诉。人民检察院仍以自然人犯罪起诉的，人民法院应当依法审理，按照单位犯罪中的直接负责的主管人员或者其他直接责任人员追究刑事责任，并援引刑法分则关于追究单位犯罪中直接负责的主管人员和其他直接责任人员刑事责任的条款。[①] 参照该规定，一审法院在向公诉机关建议对犯罪单位国明分公司补充起诉，但公诉机关未补充起诉国明分公司的情况下，依法按单位犯罪中直接负责的主管人员或者其他直接责任人员追究张某田、赵某强、黄某、张某帆的刑事责任，是正确的。

知识拓展

（一）污染环境罪的立法过程

污染环境罪是 2011 年 2 月公布的《刑法修正案（八）》对原来重大环境污染事故罪修改而来的罪名。2011 年修正前的《刑法》第 338 条规定："违反国家规定，向土地、水体、大气排放、倾倒或者处置有放射性的废物、含传染病病原体的废物、有毒物质或者其他危险废物，造成重大环境污染事故，致使公私财产遭受重大损失或者人身伤亡的严重后果的，处三年以下有期徒刑或者拘役，并处或者单处罚金；后果特别严重的，处三年以上七年以下有期徒刑，并处罚金。"当时司法机关称该规定中的罪名为重大环境污染事故罪。《刑法修正案（八）》主要是降低了该罪的入罪门槛，扩大了处罚范围，具体表现在以下三个方面：一是将原来规定的"其他危险废物"修改为"其他有害物质"，扩大了污染行为所排放、倾倒或者处置的物质；二是将原来规定的"造成重大环境污染事故，致使公私财产遭受重大损失或者人身伤亡的严重后果"修改为"严重污染环境"，降低了入罪要求；三是删除了"向土地、水体、大气"排放、倾倒或者处置的规定，使该罪的适用范围更宽。这次修

① 对应 2021 年 3 月 1 日起施行的《最高人民法院关于适用〈中华人民共和国刑事诉讼法〉的解释》第 340 条。

改后的条文表述是："违反国家规定，排放、倾倒或者处置有放射性的废物、含传染病病原体的废物、有毒物质或者其他有害物质，严重污染环境的，处三年以下有期徒刑或者拘役，并处或者单处罚金；后果特别严重的，处三年以上七年以下有期徒刑，并处罚金。"

2020年12月26日第十三届全国人民代表大会常务委员会第二十四次会议通过、2021年3月1日起施行的《刑法修正案（十一）》将刑法第338条修改为："违反国家规定，排放、倾倒或者处置有放射性的废物、含传染病病原体的废物、有毒物质或者其他有害物质，严重污染环境的，处三年以下有期徒刑或者拘役，并处或者单处罚金；情节严重的，处三年以上七年以下有期徒刑，并处罚金；有下列情形之一的，处七年以上有期徒刑，并处罚金：（一）在饮用水水源保护区、自然保护地核心保护区等依法确定的重点保护区域排放、倾倒、处置有放射性的废物、含传染病病原体的废物、有毒物质，情节特别严重的；（二）向国家确定的重要江河、湖泊水域排放、倾倒、处置有放射性的废物、含传染病病原体的废物、有毒物质，情节特别严重的；（三）致使大量永久基本农田基本功能丧失或者遭受永久性破坏的；（四）致使多人重伤、严重疾病，或者致人严重残疾、死亡的。有前款行为，同时构成其他犯罪的，依照处罚较重的规定定罪处罚。"

这次修改主要是增加了一档加重处罚的法定刑，加大了处罚力度。具体是将适用第二档法定刑的"后果特别严重"改为"情节严重"；增加第三档法定刑，规定对后果特别严重或者情节特别严重的行为处以七年以上有期徒刑，并处罚金。此外，新增规定了有污染环境犯罪行为，同时构成其他犯罪的，依照处罚较重的规定定罪处罚。

（二）污染环境罪的定罪条件和标准

根据《刑法》第338条规定，构成污染环境罪必须具备以下条件：

1. 行为主体包括自然人和单位，前者是已满16周岁并且具有刑事责任能力的自然人，后者主要是从事生产经营活动的单位。在司法实践中，实施本罪的犯罪主体一般是从事特定生产的企业。

2. 行为侵犯的客体是国家环境保护和污染防治制度。

3. 行为人主观方面是故意，即对排放、倾倒或者处置有放射性的废物、含传染病病原体的废物、有毒物质或者其他有害物质而严重污染环境的行为是故意的。这里需要指出的是本罪在《刑法修正案（八）》发布之前的责任形式是过失。

根据最高人民法院、最高人民检察院、公安部、司法部、生态环境部2019年2月20日印发的《关于办理环境污染刑事案件有关问题座谈会纪要》，判断犯罪嫌疑人、被告人是否具有环境污染犯罪的故意，应当依据犯罪嫌疑人、被告人的任职情况、职业经历、专业背景、培训经历、本人因同类行为受到行政处罚或者刑事追究情况以及污染物种类、污染方式、资金流向等证据，结合其供述，进行综合分析判断。实践中，具有下列情形之一，犯罪嫌疑人、被告人不能作出合理解释的，可以认定其故意实施环境污染犯罪，但有证据证明确系不知情的除外：（1）企业没有依法通过环境影响评价，或者未依法取得排污许可证，排放污染物，或者已经通过环境影响评价并且防治污染设施验收合格后，擅自更改工艺流程、原辅材料，导致产生新的污染物质的；（2）不使用验收合格的防治污染设施或者不按规范要求使用的；（3）防治污染设施发生故障，发现后不及时排除，继续生产放任污染物排放的；（4）生态环境部门责令限制生产、停产整治或者予以行政处罚后，继续生产放任污染物排放的；（5）将危险废物委托第三方处置，没有尽到查验经营许可的义务，或者委托处置费用明显低于市场价格或者处置成本的；（6）通过暗管、渗井、渗坑、裂隙、溶洞、灌注等逃避监管的方式排放污染物的；（7）通过篡改、伪造监测数据的方式排放污染物的；（8）其他足以认定的情形。

4. 行为人在客观方面实施了违反国家规定，排放、倾倒或者处置有放射性的废物、含传染病病原体的废物、有毒物质或者其他有害物质的行为。

“违反国家规定”是指违反国家关于环境保护的法律和法规，如《环境保护法》《水污染防治法》《海洋环境保护法》《大气污染防治法》《固体废物污染环境防治法》《水土保持法》《农业法》等。另外，根据最高人民法院、最高人民检察院2003年《关于办理妨害预防、控制突发传染病疫情等灾害的刑事案件具体应用法律若干问题的解释》第13条的规定，违反《传染病防治法》等国家有关规定，向土地、水体、大气排放、倾倒或者处置含传染病病原体的废物、有毒物质或者其他危险废物，造成突发传染病传播等重大环境污染事故，致使公私财产遭受重大损失或者人身伤亡的严重后果的，依照《刑法》第338条的规定，以重大环境污染事故罪定罪处罚。因而，“违反国家规定”还包括《传染病防治法》等国家规定。

“排放”是指将本条提到的有害物质向水体、土地、大气等排入行为，包括泵出、溢出、泄出、喷出和倒出等行为。

“倾倒”是指通过船舶、航空器、平台或者其他运载工具，向水体、土地、滩涂、森林、草原以及大气等排放有害物质的行为。

“处置”主要是指以焚烧、填埋等方式处理有害物质的活动。《刑法修正案（八）》删去了原来条文中规定的排放、倾倒、处置行为的对象，即“土地、水体、大气”，实际上排放、倾倒、处置行为的对象在通常情况下仍然是土地、水体、大气。土地包括耕地、林地、草地、荒地、山岭、滩涂、河滩地及其他陆地。水体是指中华人民共和国领域的江河、湖泊、运河、渠道、水库等地表水体以及地下水体，还包括内海、领海以及中华人民共和国管辖的一切其他海域。大气是指包围地球的空气层总体。

根据2019年《关于办理环境污染刑事案件有关问题座谈会纪要》，认定非法排放、倾倒、处置行为时，应当根据《固体废物污染环境防治法》和《环境解释》的有关规定精神，从其行为方式是否违反国家规定或者行业操作规范、污染物是否与外环境接触、是否造成环境污染的危险或者危害等方面进行综合分析判断。对名为运输、贮存、利用，实为排放、倾倒、处置的行为应当认定为非法排放、倾倒、处置行为，可以依法追究刑事责任。比如，未采取相应防范措施将没有利用价值的危险废物长期贮存、搁置，放任危险废物或者其有毒有害成分大量扬散、流失、泄漏、挥发，污染环境的。

放射性废物、含传染病病原体的废物、有毒物质，都可以称为有害物质。有害物质包括以废气、废渣、废水、污水等多种形态存在的危险废物。

“放射性的废物”，是指放射性核素含量超过国家规定限值的固体、液体和气体废弃物。“含传染病病原体的废物”，是指含有传染病病菌的污水、粪便等废弃物。根据最高人民检察院、公安部 2017 年 4 月 27 日印发的《关于公安机关管辖的刑事案件立案追诉标准的规定（一）的补充规定》及最高人民法院、最高人民检察院 2016 年发布的《环境解释》规定，“有毒物质”系指下列物质：（1）危险废物，是指列入国家危险废物名录，或者根据国家规定的危险废物鉴别标准和鉴别方法认定的，具有危险特性的废物；（2）《关于持久性有机污染物的斯德哥尔摩公约》附件所列物质；（3）含重金属的污染物；（4）其他具有毒性，可能污染环境的物质。

根据《关于办理环境污染刑事案件有关问题座谈会纪要》，“其他有害物质”在实践中常见的有：工业危险废物以外的其他工业固体废物；未经处理的生活垃圾；有害大气污染物、受控消耗臭氧层物质和有害水污染物；在利用和处置过程中必然产生有毒有害物质的其他物质；国务院生态环境保护主管部门会同国务院卫生主管部门公布的有毒有害污染物名录中的有关物质等。

5. 行为人实施的行为达到追诉标准即定罪标准。

根据最高人民检察院、公安部 2017 年 4 月 27 日印发《关于公安机关管辖的刑事案件立案追诉标准的规定（一）的补充规定》（公通字〔2017〕12 号）及《环境解释》的规定，违反国家规定，排放、倾倒或者处置有放射性的废物、含传染病病原体的废物、有毒物质或者其他有害物质，涉嫌下列情形之一的，应予立案追诉：

（1）在饮用水水源一级保护区、自然保护区核心区排放、倾倒、处置有放射性的废物、含传染病病原体的废物、有毒物质的；

（2）非法排放、倾倒、处置危险废物 3 吨以上的；

（3）排放、倾倒、处置含铅、汞、镉、铬、砷、铊、锑的污染物，超过国家或者地方污染物排放标准三倍以上的；

（4）排放、倾倒、处置含镍、铜、锌、银、钒、锰、钴的污染物，超过国家或者地方污染物排放标准十倍以上的；

（5）通过暗管、渗井、渗坑、裂隙、溶洞、灌注等逃避监管的方式排放、倾倒、处置有放射性的废物、含传染病病原体的废物、有毒物质的；

（6）二年内曾因违反国家规定，排放、倾倒、处置有放射性的废物、含传染病病原体的废物、有毒物质受过两次以上行政处罚，又实施前列行为的；

（7）重点排污单位篡改、伪造自动监测数据或者干扰自动监测设施，排放化学需氧量、氨氮、二氧化硫、氮氧化物等污染物的；

（8）违法减少防治污染设施运行支出 100 万元以上的；

（9）违法所得或者致使公私财产损失 30 万元以上的；

（10）造成生态环境严重损害的；

（11）致使乡镇以上集中式饮用水水源取水中断 12 小时以上的；

（12）致使基本农田、防护林地、特种用途林地 5 亩以上，其他农用地 10 亩以上，其他土地 20 亩以上基本功能丧失或者遭受永久性破坏的；

（13）致使森林或者其他林木死亡 50 立方米以上，或者幼树死亡 2500 株以上的；

（14）致使疏散、转移群众 5000 人以上的；

（15）致使 30 人以上中毒的；

（16）致使 3 人以上轻伤、轻度残疾或者器官组织损伤导致一般功能障碍的；

（17）致使 1 人以上重伤、中度残疾或者器官组织损伤导致严重功能障碍的；

（18）其他严重污染环境的情形。

“有毒物质”，包括列入国家危险废物名录或者根据国家规定的危险废物鉴别标准和鉴别方法认定的具有危险特性的废物，《关于持久性有机污染物的斯德哥尔摩公约》附件所列物质，含重金属的污染物，以及其他具有毒性可能污染环境的物质。

“非法处置危险废物”，包括无危险废物经营许可证，以营利为目的，从危险废物中提取物质作为原材料或者燃料，并具有超标排放污染物、非法倾倒污染物或者其他违法造成环境污染情形的行为。

“重点排污单位”，是指设区的市级以上人民政府环境保护主管部门依法确定的应当安装、使用污染物排放自动监测设备的重点监控企业及其他单位。

“公私财产损失”，包括直接造成财产损毁、减少的实际价值，为防止污染扩大、消除污染而采取必要合理措施所产生的费用，以及处置突发环境事件的应急监测费用。

“生态环境损害”，包括生态环境修复费用，生态环境修复期间服务功能的损失和生态环境功能永久性损害造成的损失，以及其他必要合理费用。

“无危险废物经营许可证”，是指未取得危险废物经营许可证，或者超出危险废物经营许可证的经营范围。

根据《环境解释》第 17 条规定，本解释所称“二年内”，以第一次违法行为受到行政处罚的生效之日与又实施相应行为之日的时间间隔计算确定。

“违法所得”，是指实施《刑法》第 338 条、第 339 条规定的行为所得和可得的全部违法收入。

根据《关于办理环境污染刑事案件有关问题座谈会纪要》的意见，对重污染天气预警期间，违反国家规定，超标排放二氧化硫、氮氧化物，受过行政处罚后又实施上述行为或者具有其他严重情节的，可以适用《环境解释》第 1 条第 18 项规定的“其他严重污染环境的情形”追究刑事责任。

根据《关于办理环境污染刑事案件有关问题座谈会纪要》的意见，在生态环境损害赔偿制度试行阶段，全国各省（自治区、直辖市）可以结合本地实际情况，因地制宜，因时制宜，根据案件具体情况准确认定“造成生态环境严重损害”和“造成生态环境特别严重损害”。

（三）量刑标准

1. 个人犯罪量刑标准

根据现行《刑法》第 338 条规定，污染环境罪法定刑分为三档，第一档是严重污染环境的，处三年以下有期徒刑或者拘役，并处或者单处罚金。第二档是情节严重的，处三年以上七年以下有期徒刑，并处罚金。第三档是情节、后果特别严重的，处七年以上有期徒刑，并处罚金。

目前，针对经2020年《刑法修正案（十一）》修改的《刑法》第338条规定的量刑标准尚未出台新的司法解释。根据《环境解释》的规定，本罪的量刑标准如下：

第一档严重污染环境的认定标准即上述追诉标准。

第二档情节严重的认定标准如下：

根据《环境解释》第3条规定，实施《刑法》第338条规定的行为，具有下列情形之一的，应当认定为“后果特别严重”，适用第二档法定刑：

（1）致使县级以上城区集中式饮用水水源取水中断12小时以上的；

（2）非法排放、倾倒、处置危险废物100吨以上的；

（3）致使基本农田、防护林地、特种用途林地15亩以上，其他农用地30亩以上，其他土地60亩以上基本功能丧失或者遭受永久性破坏的；

（4）致使森林或者其他林木死亡150立方米以上，或者幼树死亡7500株以上的；

（5）致使公私财产损失100万元以上的；

（6）造成生态环境特别严重损害的；

（7）致使疏散、转移群众15000人以上的；

（8）致使100人以上中毒的；

（9）致使10人以上轻伤、轻度残疾或者器官组织损伤导致一般功能障碍的；

（10）致使3人以上重伤、中度残疾或者器官组织损伤导致严重功能障碍的；

（11）致使1人以上重伤、中度残疾或者器官组织损伤导致严重功能障碍，并致使5人以上轻伤、轻度残疾或者器官组织损伤导致一般功能障碍的；

（12）致使1人以上死亡或者重度残疾的；

（13）其他后果特别严重的情形。

必须指出，上述《环境解释》第3条规定的“后果特别严重”的部分情形，目前明显属于以下第三档情节后果特别严重的认定标准。如“致使三人以上重伤、中度残疾或者器官组织损伤导致严重功能障碍的”“致使一人以上死亡或者重度残疾的”，应当属于第三档的认定标准之一。因此，当前司法实践中，上述《环境解释》规定的“后果特别严重”的认定标准已经不能照抄适用于认定现行《刑法》第338条规定的“情节严重”。

第三档情节后果特别严重情形的认定标准，根据现行《刑法》第338条的规定，为下列情形之一：

（1）在饮用水水源保护区、自然保护地核心保护区等依法确定的重点保护区域排放、倾倒、处置有放射性的废物、含传染病病原体的废物、有毒物质，情节特别严重的；

（2）向国家确定的重要江河、湖泊水域排放、倾倒、处置有放射性的废物、含传染病病原体的废物、有毒物质，情节特别严重的；

（3）致使大量永久基本农田基本功能丧失或者遭受永久性破坏的；

（4）致使多人重伤、严重疾病，或者致人严重残疾、死亡的。

2. 单位犯罪定罪量刑标准

现行《刑法》第346条规定，单位犯《刑法》第338条至第345条规定之罪的，对单位判处罚金，并对其直接负责的主管人员和其他直接责任人员，依照各该条的规定处罚。

《环境解释》第11条规定，单位实施该司法解释规定的犯罪的，依照该司法解释规定的定罪量刑标准，对直接负责的主管人员和其他直接责任人员定罪处罚，并对单位判处罚金。

3. 宽严相济的政策

《环境解释》第4条规定，实施《刑法》第338条规定的犯罪行为，具有下列情形之一的，应当从重处罚：（1）阻挠环境监督检查或者突发环境事件调查，尚不构成妨害公务等犯罪的；（2）在医院、学校、居民区等人口集中地区及其附近，违反国家规定排放、倾倒、处置有放射性的废物、含传染病病原体的废物、有毒物质或者其他有害物质的；（3）在重污染天气预警期间、突发环境事件处置期间或者被责令限期整改期间，违反国家规定排放、倾倒、处置有放射性的废物、含传染病病原体的废物、有毒物质或者其他有害物质的；（4）具有危险废物经营许可证的企业违反国家规定排放、倾倒、处置有放射性的废物、含传染病病原体的废物、有毒物质或者其他有害物质的。

《环境解释》第5条规定，实施《刑法》第338条、第339条规定的行为，刚达到应当追究刑事责任的标准，但行为人及时采取措施，防止损失扩大、消除污染，全部赔偿损失，积极修复生态环境，且系初犯，确有悔罪表现的，可以认定为情节轻微，不起诉或者免予刑事处罚；确有必要判处刑罚的，应当从宽处罚。

（四）罪数、共犯及与他罪的区别

1. 罪数认定

现行《刑法》第338条第2款规定，有污染环境罪的行为，同时构成其他犯罪的，依照处罚较重的规定定罪处罚。

《环境解释》第6条规定，无危险废物经营许可证从事收集、贮存、利用、处置危险废物经营活动，严重污染环境的，按照污染环境罪定罪处罚；同时构成非法经营罪的，依照处罚较重的规定定罪处罚。实施前款规定的行为，不具有超标排放污染物、非法倾倒污染物或者其他违法造成环境污染的情形的，可以认定为非法经营情节显著轻微危害不大，不认为是犯罪；构成生产、销售伪劣产品等其他犯罪的，以其他犯罪论处。第8条规定，违反国家规定，排放、倾倒、处置含有毒害性、放射性、传染病病原体等物质的污染物，同时构成污染环境罪、非法处置进口的固体废物罪、投放危险物质罪等犯罪的，依照处罚较重的规定定罪处罚。

2. 共犯认定

《环境解释》第7条规定，明知他人无危险废物经营许可证，向其提供或者委托其收集、贮存、利用、处置危险废物，严重污染环境的，以共同犯罪论处。

3 污染环境罪与投放危险物质罪之间的区别与联系

两罪之间主要存在以下不同：

（1）行为主体不同。污染环境罪的行为主体是包括自然人和单位在内的一般主体，投放危险物质罪的行为主体是仅包括自然人的一般主体。

（2）行为表现不同。污染环境罪属于法定犯，客观行为表现为行为人违反国家关于环境保护和污染防治的规定，排放、倾倒或者处置有放射性的废物、含传染病病原体的废物、有毒物质等有害物质，而投放危险物质罪通常是自然犯，客观行为表现为行为人向针对不特定或者多数人投放有毒害性、有放射性、含传染病病原体等的危险物质。

（3）客观危害不同。污染环境罪中的危害行为须达到严重污染环境的程度；投放危险物质罪中的行为须对公共安全造成严重的威胁，形成可能致人重伤、死亡或者使公私财产遭受重大损失的现实危险。

两罪的联系主要是：两罪的主观方面均是故意，二者的行为对象都包括有毒害性、有放射性、含传染病病原体等的有害物质，二者的行为方式带有一定的重合性。当行为人的行为同时构成污染环境行为与投放危险物质罪或者其他罪名时，则按照想象竞合处断原则以处罚较重的犯罪定罪处罚。

普法提示

（一）刑法的禁止性规定

现行《刑法》及司法解释规定单位污染环境行为可以构成污染环境罪，非法处置进口的固体废物罪，投放危险物质罪，生产、销售伪劣产品罪，非法经营罪等罪名，并规定了处罚单位和直接责任人员的双罚制度。其中生产、销售伪劣产品罪对直接责任人员配置的最高法定刑为无期徒刑。

（二）预防犯罪提示

企业在经营过程中，决不能为自身的经济利益，违反国家规定排放、倾倒或者处置有放射性的废物、含传染病病原体的废物、有毒物质或者其他有害物质，包括不能在无危险废物经营许可证情况下从事收集、贮存、利用、处置危险废物经营活动，严重污染环境的活动，也不能在明知他人无危险废物经营许可证的情况下，向他人提供或者委托其收集、贮存、利用、处置危险废物，严重污染环境。这些行为都构成犯罪，是企业不可触碰的刑事红线。前述恒创公司等单位及有关直接责任人员被定罪判刑就是前车之鉴，各企业务必引以为鉴。

第五章

贪污贿赂罪

案例一

如何区分“人情往来”“感情投资”与行贿

王璇[①]

案情回顾

（一）“算命”商人的长线投资

2002年3月，时任燕京市建委科员的年轻干部王某伟跟随领导到海南省博鳌出席房地产开发高峰论坛研讨会议，结识了深圳市大川某国房地产开发有限公司的总经理川某国，川某国认为王某伟博学多才、“双商”在线，且面相奇佳、“头骨异常”，将来必会一路高升，成为其公司做大做强的贵人，遂与王某伟多加交往。川某国到燕京出差，时常会给王某伟带礼物，礼物价值几千元至几万元，并聚餐畅聊，有一年暑假两家还一起出国旅游，费用绝大部分由川某国承担。

2017年春节过后，燕京市政府发出公告，要开发某地块，地块规划包含社会保障住房和大型商业中心及相关配套设施，大川某国房地产公司燕京分公司联合其他公司参与竞标，已任职燕京市建委处长的王某伟正是负责地块开发和发标的负责人之一。竞标期间，川某国在王某伟家中送给其一块和田玉原石，经鉴定价值70余万元，王某伟夫妇表示玉石太过贵重，推脱不收，川某国说：“我们都是老交情、老朋友了，将来如果有机会处长在事业上关照一下我就行了。”王某伟当时摇摇头笑笑说：“那就先放我这一阵子，你下次来再拿走吧”，于是王某伟的妻子将玉石雕刻为精美摆件放于家中。后来，大川某国北京分公司未中标，也没有证据证明王某伟利用职权帮助了大川某国公司。

2019年1月，已任职燕京市建委副主任的王某伟负责市建委及下属事业单位的家属宿舍楼建设，大川某国房地产公司正是该家属楼的工程承建商。

① 北京市第二中级人民法院刑二庭法官助理。

当年五一期间，川某国在王某伟家中给予其30万元现金，当时川某国并没有提出任何请托事项，王某伟也没有利用职务之便为川某国在宿舍楼建设中拿好处。王某伟将其中10万元用于其女儿去美国参加夏令营的花费，另外20万元存在其表哥的银行账户下。

（二）审理过程

燕京市人民检察院第二分院向燕京市第二中级人民法院提起公诉，指控被告人王某伟犯受贿罪，川某国犯行贿罪，贿赂数额为100万余元。

被告人王某伟自我辩护认为，其和川某国一见如故，乃忘年之交，两家来往较多，川某国作为成功的商人，资产以亿计，其给自己的礼物虽然价值较大，但对于川某国来说就是九牛一毛，二人属正常人情往来，自身从来没有利用职务之便为川某国谋取利益，因此不构成犯罪。被告人王某伟的辩护律师认为，王某伟虽然收受商人财物，但没有利用职权为商人谋取利益，仅违反党纪政纪，不构成犯罪。

被告人川某国及其辩护律师认为，川某国给予王某伟财物的性质是私人赠与，赠与财物后没有具体的请托事项，也没有实际取得任何财产利益，其主动交代了纪检监察机关不掌握的部分事实，证明其心怀坦荡，没有犯罪。

法院经审理，认定王某伟犯受贿罪，判处有期徒刑五年，川某国因单位行贿罪，被判处有期徒刑二年，100万余元予以没收。

法理分析

（一）争议焦点——王某伟是否利用职权为他人谋利

本案争议焦点系王某伟是否利用职权为川某国的公司谋利。贿赂犯罪的本质是权钱交易，本案中川某国给予王某伟财物，但能否认定王某伟利用权力为川某国谋取了利益？如果能认定，则金钱和权利交易存在，行贿、受贿犯罪成立，反之不能成立，这正是控辩双方争议的焦点。对此，《贪污贿赂案件解释》第 13 条规定：承诺为他人谋取利益的，应当认定为“为他人谋取利益”；国家工作人员索取、收受具有上下级的下属或者具有行政管理关系的被管理人员的财物价值 3 万元以上，可能影响职权行使的，视为承诺为他人谋取利益。

王某伟与川某国是国家工作人员和行政管理相对人的关系。2010 年春节后，川某国给予王某伟和田玉时，正值地块竞标阶段，川某国是竞标企业负责人，王某伟是政府机构中主管招标工作的负责人，川某国在王某伟权力管理范围内。2019 年 1 月，川某国是建委宿舍楼的承建商，而王某伟是建委的领导，同时负责宿舍楼建设工程，二人是直接的行政管理关系。在王某伟升任市建委处长、副主任后，对大川某国房地产公司燕京分公司也有行政管理职能，在日常工作中是行政管理关系。

在赠送和田玉石事件中，王某伟默示承诺为川某国谋利。川某国曾笼统表示希望王某伟以后多多关照生意，只是请托事项不太具体，王某伟明知二人是行政管理关系，未拒绝而收下玉石，可以视为默示答应将来对川某国的生意予以关照，即承诺为川某国公司谋取利益。

因此，川某国给予王某伟 100 万余元财物的行为符合《贪污贿赂案件解释》第 13 条的规定，构成贿赂犯罪。

（二）法律沿革——利用职权谋利行为认定标准的变化

司法实践中，少数违法商人对官员“长线钓鱼”，进行了十几年的感情投资，在长期的感情投资过程中，商人给予官员巨额财物，基本没有提出具体的请托事项，只是笼统表示希望以后多多关照，有时就连类似笼统表示也没有，官员也没有为商人谋得实际利益，甚至没有实施帮助谋利的行为，刑法对此如何处理，我国法律和司法解释有一个不断发展完善的过程。

1997 年颁布的《刑法》第 385 条规定：“国家工作人员利用职务上的便利，索取他人财物的，或者非法收受他人财物，为他人谋取利益的，是受贿罪。”受贿罪成立要求国家工作人员为他人谋利，对于单纯“收钱不办事”的行为，也就是国家工作人员收受财物后，在客观上没有作出利用职权为他人谋利行为的，当时一些地方司法机关只责令官员将财物退还，进行党纪政纪处分，对收受财物和给予财物的人员均不作犯罪处理。

2003年11月13日公布的《全国法院审理经济犯罪案件工作座谈会纪要》把“为他人谋利”的标准从客观实际上为他人谋取了利益，变为承诺、实施、实现为他人谋利，国家工作人员收受财物后即使没有为行贿人提供任何帮助，只要承诺帮助谋取利益即构成犯罪。该座谈会纪要指出：“为他人谋取利益包括承诺、实施和实现三个阶段的行为。只要具有其中一个阶段的行为，如国家工作人员收受他人财物时，根据他人提出的具体请托事项，承诺为他人谋取利益的，就具备了为他人谋取利益的要件。明知他人有具体请托事项而收受其财物的，视为承诺为他人谋取利益。”最高人民法院认为，某人出于联系、笼络国家工作人员的目的，日常向其赠送大量财物，却没有提出具体要求对方的感情投资行为在现行法律框架下存在定罪障碍，“投资人”不构成行贿罪。①

2016年颁布的《贪污贿赂案件解释》第13条将入罪门槛进一步降低，对感情投资可能影响国家工作人员职权行使的，规定为受贿罪。受贿罪和行贿罪是耦合的共同犯罪，有受贿罪就对应有行贿罪，为谋取不正当利益长期投资的“投资人”构成行贿罪。

（三）理论辨析

人情往来、感情投资和贿赂犯罪的相互关系和界限是司法实务中经常遇到的问题，也是民营企业应当关注的问题之一。

超出限度的人情往来可能成立犯罪。长久以来，人情往来成为贿赂的遮羞布，一些领导干部借故生日寿宴、子女升学入伍、婚丧嫁娶等事由大肆索取或收受下属及行政相对人的财物。社会中，人情往来自然难免，一般情况下的人情往来肯定不构成犯罪。但人情往来也需要满足一定的条件，一是往来的人一般是亲朋好友；二是有来有往，非单向给予；三是来往财物数额大致相当，没有明显违背常理的差额。对于明显超出人情往来的部分，又符合

---

① 参见李少平：《行贿犯罪执法困局及其对策》，载《中国法学》2015年2月。

贿赂犯罪法律规定的，应当按照犯罪处理。

感情投资发生在上下级或有行政关系人之间的，很可能成立犯罪。感情投资并非刑法学上的概念，而是社会习惯用语，指为了增进感情、拉近距离而进行的单向财物输出。感情投资是单向的，一方给予的财物明显大幅度超过对方反馈的财物，因而不同于双向的人情往来。感情投资的时间可长可短，实务中有长达十几年的情况。根据《贪污贿赂案件解释》第 13 条的规定，感情投资发生在上下级或者有行政关系人之间，财物价值 3 万元以上，可能影响职权行使的，构成贿赂犯罪。

《贪污贿赂案件解释》第 13 条中的 3 万元标准是累积的贿赂数额，但一般情况下，不能将向多人赠送的财物数额累积。如某工商所所长借故办龙门宴（儿子考上大学），收取管辖片区 40 余商户礼金合计 50 余万元，受贿数额应当累积计算。再如某广告公司负责人为维护良好客户关系，先后分多次给予某国有企业领导购物卡合计超过 3 万元，可以行贿罪论处，但如果其在端午节分别向 20 个经常往来的客户赠送一份高端粽子礼包（每份价值 1500 元），就不宜按犯罪处理，因为这仍在正常商业人情往来的范围内。故而，涉及多人是否应累积计算财物价值，不能一概而论，还需具体情况具体分析。

《贪污贿赂案件解释》第 13 条规定构成犯罪还需“可能影响职权行使”，可能影响职权行使指，给予财物超过了人情往来的标准。根据一般社会群众的理解，一个生意人向对其有管理职权的国家干部赠送巨额财物，不求任何回报是不可能的，任何财物投资都是以经济回报为目的，感情投资也不例外，因此超越正常人情往来范围的财物就是可能影响职权行使的，构成贿赂犯罪。

知识拓展

（一）正当人情往来的认定标准

正当人情往来可阻却行贿、受贿犯罪的成立，因而准确认定正当人情往来具有重要意义。判断是否为正当的人情往来，应结合往来人员的身份关系、财物数额大小、给予财物的时间、给付财物双方的主观心理、财物交付方式等因素综合判断。

第一，正当人情往来双方具有地位平等性。双方以感情为基础，一般是姻亲、血亲、同事、同学、战友等特定关系，如果双方关系不对等，则考虑财物给予是否可能影响职权行使。第二，人情往来具有双向性。我国是人情社会，重视礼尚往来，例如生日宴会的场合，下级总是给上级过生日，而上级从来没有给下级发过生日红包，则不是人情往来。第三，人情往来财物的公开性。人情往来一般是公开的，而行贿、受贿一般是秘密的。第四，人情往来双方没有权钱交易的心理。如果给予财物的人，看重的是对方手中的权力，希望对方将来利用职权给自己好处，就不是人情往来，而是典型的权钱交易。

本案中，王某伟和川某国虽然相识多年，但属于行政相对人关系，双方往来财物价值极其不对称，给予100万余元财物处于关键时间点，且是秘密交付，王某伟占有现金后实施了隐匿来源的行为。此外，川某国有权钱交易的主观意图。川某国到案后供称，其与王某伟交往就是希望王某伟将来能帮助自己扩大房地产业务，与王某伟处好关系将来肯定用得上。在赠送王某伟和田玉石时，川某国曾明确表示希望王某伟多多照顾生意，王某伟没有拒绝，川某国在其他场合也曾说过让王某伟关照生意的话。川某国的房地产生意与王某伟的职权直接挂钩，他看重的是王某伟手中的权力，在给予礼物时虽然有时没有明确说明具体的请托事由，但权钱交易的主观意图是明显的。

川某国供称，自2002年以来为拉拢王某伟，其分多次给予对方礼物合计价值数万元，但鉴于王某伟之前多在建委后勤、宣传等非业务内设部门任职，对房地产公司无直接管理职权，所赠领带、眼镜、手表等年久灭失，无法鉴定价值，检察院未将该部分财物计入犯罪数额。

（二）民营企业要敢于拒绝变相索贿

党的十八大以来，以习近平同志为核心的党中央厉行法治，重拳反腐，一方面严厉查处犯罪，另一方面切实提高党员干部职务廉洁标准，已经处理了一大批大肆操办婚丧嫁娶、收取礼金的违纪违法行为，可见党中央在规范党员干部收受财物方面将持续发力，继续提高廉洁标准。

司法实务中，有些官员利用婚丧嫁娶索取民营企业给予的所谓人情往来，少则几百上千元，多则几万元，不给则可能经营上被为难，甚至被非法羁押。民营企业要敢于拒绝索贿，无论数额多少，都要敢于拿起法律武器维护自身合法权益。

我国法律保护民营企业合法经营，鼓励企业检举揭发相关犯罪。首先，被勒索给予财物的没有法律责任。《刑法》第 389 条第 3 款规定："因被勒索给予国家工作人员以财物，没有获得不正当利益的，不是行贿。"其次，即使国家工作人员索取财物较少，也构成违纪。《中国共产党纪律处分条例》第 91 条规定，利用职权或者职务上的影响操办婚丧喜庆事宜，在社会上造成不良影响的，给予警告或者严重警告处分；情节严重的，给予撤销党内职务处分。在操办婚丧喜庆事宜中，借机敛财或者有其他侵犯国家、集体和人民利益行为的，依照前款规定从重或者加重处分，直至开除党籍。最后，国家法律保护检举揭发人员。《刑法》第 254 条规定："国家机关工作人员滥用职权、假公济私，对控告人、申诉人、批评人、举报人实行报复陷害的，处二年以下有期徒刑或者拘役；情节严重的，处二年以上七年以下有期徒刑。"

普法提示

我国民营企业在生产经营活动中面临比较复杂的环境，国务院深化"放管服"改革、优化营商环境正在继续深入推进，个别地方党员干部对民营企业"吃拿卡要"的情况仍然存在，重视人情交往、请客送礼吃饭的传统观念仍然有很大影响，民营企业人员与党员干部在经济活动或工作中接触日趋增多，如何厘清正常交往与违法犯罪行为的界限、避免误触法网意义重大。民营企业在给予国家工作人员财物及人情往来方面，应注意以下几个方面。

（一）严格依法经营，不谋求不合法、不合理利益

给予国家工作人员财物的企业动机大致分为以下几种情况：一是眼红所谓关系户快速攫取经济利益，想效仿走捷径；二是没能通过招投标等正常渠道取得进出口配额、矿产勘探权等经济利益，进而选择旁门左道；三是明明按照规定程序可以正常经营，但为了所谓加一道保险而画蛇添足；四是为防止将来企业遇到难题时无人帮助，储备人际关系。无论哪一种情况，都是企业经营人员谋取不正当利益的心态导致的，都是想在正常经营之外谋取便利。民营企业应积极调整心态，相信社会主义法制建设和体制优势，企业只要依法合规经营，不谋求不正当利益就不会触发法律的红线。

（二）面对"吃拿卡要"的索贿官员，善于维护自身合法权益

对假借人情往来"吃拿卡要"的国家工作人员，民营企业一方面要全面了解法律规定，了解法律赋予的权利和权利救济途径；另一方面要留意保存相关证据，包括微信聊天记录、电子邮件等电子证据，为维护权利提供证据基础，积极向纪检监察机关检举、举报。

（三）家属亲友是国家工作人员的，财物往来应注意避嫌

如果作为亲友的国家工作人员对企业有管理职能，给予国家工作人员的财物价值较大的，应注意公开财务给予情况，必要时国家工作人员应回避。如新疆某风能能源公司的总经理阿某亚的弟弟阿某木是国家能源局主管项目审批的副处长，阿某木结婚时，阿某亚赠送婚房一套，价值800余万元。哥哥为弟弟购买住房本无不当，但阿某木在涉及阿某亚公司项目审批相关工作中进行回避比较妥当。

（四）发挥法务部门职能，全面评估法律风险

民营企业与国有公司、企业以及其他国家工作人员之间的礼物赠送难以全部禁止，因为商务上正常的人情往来不仅有必要，而且对促进贸易繁荣有

积极作用。民营企业法务部门应进行法律风险评估，对商务往来中赠送财物的种类、价值大小、时间、场合、方式等进行审查评估，务必符合正当商务往来惯例，不能违反法律法规。

案例二

单位行贿的罪与罚

高畅[①]

案情回顾

（一）基本案情

被告单位华夏联合财产保险股份有限公司上海市虹口支公司（以下简称虹口支公司），被告人吴某系该支公司业务部经理。2006年底，上海市的一家国有出租车公司为提高本市出租车市场占有率，新购进了一批小轿车。作为这家公司的长期车辆保险供应商，吴某对拿下这批新车的保险势在必得。2007年1月的一天，吴某以为原有车辆办理续保业务的名义来到该家出租车公司车管部经理夏某的办公室。一番寒暄后，吴某表明来意，希望夏某将新车的保险业务也交给虹口支公司。夏某表示，有很多保险公司都在跟他争取这批新车的保险，吴某的公司想要获胜也不是不可以，但是要向其支付手续费。

吴某回到公司后，向公司领导姚某和查某汇报了以上情况。姚某和查某为了完成公司的业绩指标，谋求竞争优势，决定同意夏某的条件，并安排吴某进行操作。之后吴某找到保险代理公司的陈某，让其安排从虹口支公司套取手续费。吴某拿到钱后，以现金或转账的形式共支付给夏某人民币30万余元。

2012年，夏某因受贿被检察机关调查，后因受贿罪被判处有期徒刑十年。2013年虹口区工商管理局对虹口支公司进行了行政处罚，并根据《反不正当竞争法》第22条之规定对其罚款人民币10万元，吴某也受到了单位的相应处罚。2014年，吴某主动向检察机关交代了自己的犯罪事实。

---

① 北京市第二中级人民法院刑二庭法官助理。

（二）审理过程

上海市虹口区人民检察院指控被告单位虹口支公司、被告人吴某犯单位行贿罪向虹口区人民法院提起公诉。虹口区人民法院经公开开庭审理后认为，被告单位虹口支公司及作为直接责任人员的被告人吴某，违反国家规定，给予国家工作人员手续费，情节严重，其行为已构成单位行贿罪。被告单位和被告人吴某在被追诉前主动交代行贿行为，能主动投案并如实供述自己的罪行，均系自首，依法均可从轻处罚，被告人吴某有悔罪表现，对其可适用缓刑。据此，一审法院判处虹口支公司罚金人民币 10 万元，判处吴某拘役六个月，缓刑六个月。

一审法院宣判后，虹口支公司与吴某均不服一审判决，向上海市人民法院提出上诉。虹口支公司的上诉理由是，单位不构成单位行贿罪。虹口支公司支付相应手续费没有违反国家规定，也未谋取不正当利益，且手续费是给海虹公司而不是给夏某的，请求二审对上诉单位改判无罪。吴某的上诉理由是，吴某所在的公司已受行政处罚，其也已受到单位的内部处罚，不应再对吴某追究刑事责任，且吴某当时只是一名普通业务员，不应认定为单位犯罪的直接责任人员，请求二审对吴某改判无罪或者免予刑事处罚。上海市人民法院经审理认为，一审法院认定事实和适用法律正确，定罪量刑并无不当，且诉讼程序合法。最终裁定驳回虹口支公司和吴某的上诉，维持原判。

本案的争议焦点在于，虹口支公司及吴某向夏某支付手续费的行为是否构成单位行贿罪。虹口支公司受到行政处罚、吴某受到公司内部处罚后是否还应承担刑事责任。

法理分析

（一）虹口支公司的行为构成单位行贿罪

根据《刑法》第 393 条的规定，单位为谋取不正当利益而行贿，或者违反国家规定，给予国家工作人员以回扣、手续费，情节严重的，对单位判处罚金，并对直接负责的主管人员和其他直接责任人员，处五年以下有期徒刑或者拘役，并处罚金。本案中的被告单位虹口支公司和被告人吴某，违反国家规定，给予国家工作人员手续费，情节严重，他们的行为已经构成单位行贿罪。

单位行贿罪的构成要件包含以下几个方面：

1. 犯罪主体

单位行贿罪的主体是单位，根据《最高人民法院关于审理单位犯罪案件具体应用法律有关问题的解释》，单位犯罪中的“单位”既包括国有、集体所有的公司、企业、事业单位，也包括依法设立的合资经营、合作经营企业和具有法人资格的独资、私营等公司、企业、事业单位。本案中的虹口支公司虽然是华夏联合财产保险公司的分支机构，但作为支公司，具有独立的法人资格，可以作为犯罪主体成立。

2. 犯罪主观要件

本罪要求单位及相关责任人员主观上有贿赂国家工作人员的故意。本案中，虹口支公司为获得竞争优势贿赂国家工作人员的行为，无论是主动行贿还是被索贿，其主观上均具有通过贿赂手段获得竞争利益的主观目的。本案中，虹口支公司的行贿故意是获得某种特定、具体利益的故意。司法实践中，行贿故意也可以表现为对想要谋取的利益是不确定的、模糊的。如行为人平时以各种名义向国家工作人员赠送财物，以期在将来这名国家工作人员为其“开绿灯”，也可以视为具有行贿的主观故意。持以上两种行贿故意，均可认定为单位行贿罪。

3. 犯罪客体

单位行贿罪侵犯的客体是国家机关的正常管理和公职人员的职务行为的不可收买性。犯罪对象为有特定身份的人，即国家工作人员。若行贿的对象不具有国家工作人员的身份，则可能构成对非国家工作人员行贿罪，单位亦可构成该罪。

4. 犯罪客观要件

单位行贿罪的客观表现形式是为谋取不正当利益而行贿，或者违反国家规定，给予国家工作人员以回扣、手续费，情节严重的行为。本案中虹口支公司支付所谓手续费的行为违反了国家规定。根据《保险法》第116条之规定，保险公司及其工作人员在保险业务活动中不得给予或者承诺给予投保人、被保险人、受益人保险合同约定以外的保险费回扣或者其他利益。被告单位与出租车公司之间的投保业务是直接保险业务，是不允许返还手续费的，而该手续费又并非保险合同约定的内容。据此，虹口支公司所谓支付手续费的行为其实是变相的给予夏某好处费，目的是谋求竞争优势，符合单位行贿罪的客观要件表现。

5. 达到情节严重的标准

虹口支公司向夏某行贿30万余元，达到情节严重的标准，应当以单位行贿罪处罚。本罪属情节犯，即行为人的行为必须达到情节严重才能构成犯罪。1999年最高人民检察院发布施行的《关于人民检察院直接受理立案侦查案件立案标准的规定（试行）》规定，检察院对单位行贿罪的立案标准为行贿数额在20万元以上。

2012年《最高人民法院、最高人民检察院关于办理行贿刑事案件具体应用法律若干问题的解释》采纳了这一标准，将行贿罪情节严重的标准划定为行贿数额在20万元以上，不满100万元。同时行贿数额在50万元以上不满100万元，并具有下列情形之一的，也应当认定为情节严重：（1）向三人以上行贿的；（2）将违法所得用于行贿的；（3）为实施违法犯罪活动，向负有食品、药品、安全生产、环境保护等监督管理职责的国家工作人员行贿，严重危害民生、侵犯公众生命财产安全的；（4）向行政执法机关、司法机关的国家工作人员行贿，影响行政执法和司法公正的；（5）其他情节严重的情形。随着我国经济社会的发展变革，行贿罪的立案标准也在不断发生变化。

2016年《贪污贿赂案件解释》对这一标准作出了修订，将行贿罪情节严重的标准上调至行贿数额在100万元以上不满500万元。行贿数额在50万元以上不满100万元，并具有下列情形之一的，也应当认定为情节严重：（1）向三人以上行贿的；（2）将违法所得用于行贿的；（3）通过行贿谋取职务提拔、调整的；（4）向负有食品、药品、安全生产、环境保护等监督管理职责的国家工作人员行贿，实施非法活动的；（5）向司法工作人员行贿，影响司法公正的；（6）造成经济损失数额在50万元以上不满100万元的。

本案发生的时间段为2007年至2012年，被告单位被立案及审判的时间为2014年，适用2012年相关司法解释的标准，行贿数额在20万元以上应当认定为情节严重。目前，我国相关的司法解释针对行贿罪立案的犯罪数额进行了调整，单位行贿罪的立案标准是否随之发生改变尚未出台具体的司法解释。但自2016年之后，司法实践中也未出现行贿数额低于50万元被追究刑事责任的情形。

（二）吴某的行为构成单位行贿罪

现阶段，我国《刑法》对于单位行贿罪处罚所采用的处罚原则是双罚制。所谓双罚制，是指单位犯罪中应承担刑事责任的个体既包括作为独立法人的单位，也包括作为单位组成人员的自然人。单位行贿罪中规定单位直接负责的主管人员和其他责任人员也应承担刑事责任。司法实践中，认定上述人员范围的依据是《最高人民法院研究室关于如何理解"直接负责的主管人员"和"直接责任人员"问题的复函》（1994年1月27日实施）。该复函中对于单位犯走私罪，上述两类人员如何认定进行了答复，即单位犯罪中"直接负责的主管人员"，是指在企业事业单位、机关、团体中，对本单位实施犯罪起决定作用的，负有组织、决策、指挥责任的领导人员。单位的领导人如果没有参与单位犯罪的组织、决策、指挥，或者仅是一般参与，并不起决定作用的，则不应对单位的犯罪负刑事责任。"直接责任人员"，是指直接实施本单位犯罪行为或者虽对单位犯罪负有部分组织责任，但对本单位犯罪行为不起决定作用，只是具体执行、积极参与的该单位的部门负责人或者一般工作人员。

本案中吴某在涉案期间并非普通业务员，而是虹口支公司的业务部经理，出租车公司车辆保险业务是由其具体联系和经办，支付夏某的手续费又是在吴某报请公司领导姚某、查某同意后由其具体经办。吴某是犯意的提起者，亦是犯罪行为的具体实施者，应当认定吴某系虹口支公司单位犯罪的直接责任人员。

（三）虹口支公司及吴某应承担刑事责任

虽然2013年上海市虹口区工商管理局对虹口支公司进行了行政处罚，并根据《反不正当竞争法》第22条之规定对其罚款人民币10万元，吴某也受到了单位的相应处罚，但是行政处罚并不能代替刑事处罚，一旦涉案单位或个人的行为触犯了刑法，依然可追究相应的刑事责任，且没有时间先后。因为行政处罚与刑事处罚是两种不同性质的处罚，两者虽不能相互取代但可以衔接。《行政处罚法》第8条第2款规定："违法行为构成犯罪，应当依法追究刑事责任的，不得以行政处罚代替刑事处罚。"第35条规定："违法行为构成犯罪，人民法院判处拘役或者有期徒刑时，行政机关已经给予当事人行政拘留的，应当依法折抵相应刑期。违法行为构成犯罪，人民法院判处罚金时，行政机关已经给予当事人罚款的，应当折抵相应罚金……"本案中，虹口支公司及其直接责任人员吴某的行贿已构成单位行贿罪，尽管上海市虹口区工商管理局已先行对虹口支公司进行了行政处罚，吴某也受到了单位的相应处罚，但这并不影响追究虹口支公司及其直接责任人员吴某的刑事责任。

知识拓展

（一）单位行贿罪中不正当利益的认定

2012年出台的《最高人民法院关于办理行贿刑事案件具体应用法律若干问题的解释》第12条，对于行贿犯罪中的"谋取不正当利益"作出了具体规定，将"不正当利益"划分为两种情形，一种是非法利益，即指行贿人谋取的利益违反法律、法规、规章、政策规定，这种利益天然应当认定为"不正当利益"。另一种是用不正当手段谋取的利益，即要求国家工作人员违反法律、法规、规章、政策、行业规范的规定，为自己提供帮助或者方便条件。这种利益必须是国家工作人员主动采用积极的行为手段为行贿人谋取的。比如本案中的行贿人违背公平、公正原则，为在经济活动中谋取竞争优势向国家工作人员行贿，应当认定为“谋取不正当利益”。在行政机关应作为而不作为的前提下，单位被国家机关工作人员索贿，被迫行贿所获得的合法利益，不应视为“不正当利益”。

（二）单位行贿罪的表现形式

随着市场经济的发展，贿赂犯罪的种类和形式也越来越多样化。现阶段我国的法律及相关司法解释中，对于行贿罪的客观手段方式表述相对较少，但由于受贿罪与行贿罪为对合犯罪，两者相互依存，缺一不可。因此，根据现有司法解释中对于受贿行为的认定，可以总结出以下几种单位行贿的表现形式：一是直接给予国家工作人员财物[①]，二是以回扣、手续费等名义给予国家工作人员财物，三是以其他方式给予国家工作人员财物。《最高人民法院、最高人民检察院关于办理受贿刑事案件适用法律若干问题的意见》总结了以下几种情况：（1）以不符合市场的价格与国家工作人员进行交易；（2）向国家工作人员赠送干股；（3）以合作投资名义行贿；（4）向国家工作人员赠送股票、期货或以代为理财的名义行贿；（5）以赌博形式行贿；（6）为国家工作人员的特定关系人支付“挂名”薪酬；（7）向特定关系人行贿等情形。

（三）单位行贿罪与行贿罪的区别

单位行贿罪与行贿罪的区别主要包括以下三方面：

第一，行贿的决定由谁作出。不同于普通行贿罪，单位行贿罪要求行贿的决定由单位集体研究决定，或者有关负责人在职权范围内作出。

第二，行贿所获得的不正当利益归属于谁。单位行贿罪要求通过行贿行为所获得的不正当利益归属单位，这是区分单位行贿罪和自然人行贿罪的关键所在。若单位负责人为自身谋取不正当利益而行贿，且所得利益归其个人

---

① 《贪污贿赂案件解释》第 12 条规定，这里的“财物”包括货币、物品和财产性利益。财产性利益包括可以折算为货币的物质利益如房屋装修、债务免除等，以及需要支付货币的其他利益如会员服务、旅游等。后者的犯罪数额，以实际支付或者应当支付的数额计算。

所有，则其行为应当认定为行贿罪，而非单位行贿罪。

第三，以谁的名义行贿和资金最终来源于谁。若行为人以单位的名义行贿，且最终资金来源于单位，则构成单位行贿罪。

（四）单位行贿罪的刑事责任及处罚

单位犯行贿罪的，依据《刑法》规定应当对单位判处罚金，但《刑法》没有对罚金的具体数额作出规定。2016 年《贪污贿赂案件解释》实施之前，也没有任何司法解释对单位行贿罪罚金刑的适用标准进行界定。该司法解释中，虽然仍未明确对单位行贿罪这一具体罪名如何适用罚金刑，但根据其中第 19 条第 2 款的规定，对《刑法》规定并处罚金的其他贪污贿赂犯罪，应当在 10 万元以上犯罪数额二倍以下判处罚金。司法实践中，上述解释亦可适用于单位行贿罪。对于直接负责的主管人员和直接责任人员的处罚，《刑法》条文中予以明确，上述人员构成单位行贿罪的，处五年以下有期徒刑或拘役。

普法提示

腐败犯罪，作为严重侵害人民利益，损害党和政府廉洁性，影响国家公信力的犯罪行为，一直是法律严厉打击的重点。我国自古以来都有礼尚往来的风俗。现代社会中，收钱办事也成为各行各业中心照不宣的“潜规则”。然而受贿罪与行贿罪作为对合犯罪，有着相互依存的关系，有行贿行为的发生就必然意味着受贿行为的存在。行贿行为就是培育腐败犯罪的巨大温床。

党的十八大以来，我国加大了对贪腐犯罪的打击力度，以零容忍态度惩治腐败犯罪，先后修订和完善了党内法规和刑事立法，建立起更加完善的惩治腐败的制度体系。我国法律虽然早在 1997 年《刑法》中就已经对行贿罪作出了系统性的描述和处罚措施，但在司法实践中常见的处理方式往往是在行贿人如实交代、有立功表现之后给予较轻处理。2012 年 12 月 31 日《最高人民法院、最高人民检察院关于办理行贿刑事案件具体应用法律若干问题的解释》正式实施后，越来越多的行贿人受到了法律的惩罚。法律严惩行贿者，是用釜底抽薪的手法从根本上断绝受贿者受贿的可能性。这也为各行业的民营企业人员敲响了警钟，民营企业应当按照市场经济要求利用自身的资金、技术、管理及业绩等优势来取得竞争优势，只有通过这种方式获得的优势才能真正提高企业自身的竞争能力和地位。民营企业者必须时刻牢记，合法经营方能受到法律保护，妄图通过行贿获得不正当利益的行为必将受到法律严惩。

图书在版编目 (CIP) 数据

民营企业刑事法律风险典型案例解析 / 鲁桂华主编 .—北京：中国法制出版社，2021.6

（法官说法丛书）

ISBN 978-7-5216-1934-8

Ⅰ . ①民…　Ⅱ . ①鲁…　Ⅲ . ①民营企业–刑事犯罪–案例–中国　Ⅳ . ① D924.05

中国版本图书馆 CIP 数据核字（2021）第 107812 号

责任编辑：李宏伟　　封面设计：杨泽江

民营企业刑事法律风险典型案例解析

MINYING QIYE XINGSHI FALÜ FENGXIAN DIANXING ANLI JIEXI

主编 / 鲁桂华

经销 / 新华书店

印刷 / 三河市国英印务有限公司

开本 / 710 毫米 ×1000 毫米　16 开　　印张 / 15　字数 / 222 千

版次 / 2021 年 6 月第 1 版　　2021 年 6 月第 1 次印刷

中国法制出版社出版

书号 ISBN 978-7-5216-1934-8　　定价：48.00 元

北京西单横二条 2 号　邮政编码 100031　　传真：010-66031119

网址：http://www.zgfzs.com　　编辑部电话：010-63141798

市场营销部电话：010-66033393　　邮购部电话：010-66033288

（如有印装质量问题，请与本社印务部联系调换。电话：010-66032926）